포켓몬 마스터 되기

차례
Contents

여행을 시작하며

   '푸른 하늘 저 멀리 날아라, 힘차게 날으는 우주소년 아톰, 용감히 싸워라…….'

   '어둠에 숨어서 사는 우리들은 요괴 인간들이다……뱀, 베라, 베로……빨리 사람이 되고 싶다…….'

   '황금박쥐, 어디, 어디 어디서 나타났나 황금박쥐…….'

   '기운 센 천하장사 무쇠로 만든 사람, 인조인간 로보트 마징가 제트, 우리들을 위해서만 힘을 쓰는 착한 이, 나타나면 모두 모두 벌벌벌 떠네. 무쇠팔 무쇠다리 로케트 주먹…….'

   '요술공주 새리가 찾아왔어요, 별나라에서 지구로 찾아왔어요, 새리 새리…….'

어린 시절 흥얼거리며 따라 부르던 텔레비전 만화영화의 주제가[1] 두세 개쯤은, 어른이 되고 부모가 된 지금도 끝까지 다시 부를 수 있을 정도로 선명하게 기억된다. 무서운 꿈 꾼다고 보지 말라 하시는 아빠의 걱정을 피해 손가락 사이로 숨죽이고 보았던 「요괴인간」, 동생이랑 목에 보자기를 두르고 온 집안을 뛰며 하던 황금박쥐 놀이, 어느새 마린보이가 되어 흰 돌고래 등을 타고 바다 속을 헤엄쳐 다녔고, 동네 문방구에는 늘 얼굴보다 커 눈구멍이 맞지 않는 타이거 마스크가 즐비했다. 또 황금박쥐 노래는 '대머리'니 '빤스'니 하는 아이들 특유의 짓궂은 '노가바(노래 가사 바꿔 부르기)'의 단골 메뉴였다. 끝없는 우주는 물리쳐야 하는 나쁜 괴물들과 지구를 파괴하려는 외계인들로 가득한 어둡고 두려운 공간이었으므로 머리에 흰 별을 단 우주의 왕자 빠삐나 두 손을 쭉 펴고 날아가는 아톰의 영역이었다. 그러니까 매일 정해진 시간에 우주와 지구를 악의 손아귀에서 반복적으로 구하는 이는 바로 다른 별에서 온 어린 왕자였으며, 일상의 곤란한 일을 해결하는 것은 꽃가루를 뿌리는 마술봉을 가진 별나라에서 지구로 온 요술공주였다. 아니면 아이들의 명령에 따라 주먹이 분리되어 날아가거나 가슴이 튀어나가는(지금 생각하면 우스꽝스럽기 짝이 없는) 인조인간 로봇들이었다. 어린 시절의 만화영화들은 그 신비한 힘으로 꿈과 웃음을 주기도 하고 용기와 희망을 배우게도 했다. 또, 용감하고 씩씩한 왕자님 같은 남자아이, 우아하고 아름다운 공주님 같은 여자아이는 부지불식간에 거부할 수 없는 매력적인 성역할 모델로 자리잡았다. 너나 할 것 없이 만화영화가 주는 판타지 안에서 아이들은 모두 왕자였고 공주였다. 그런데 과연 텔레비전에서 방영되던 그 많은 일본산 상업 만화영화들[2]은 그저 재미있고 유익하기만 한 것이었을까? 과연 그럴까? 그 수많은 만화영화들이 보여주던 세계와 그 이야기의 밑바닥을 흐르던 생각들이 그렇게 순진하고 아름답기만 하며 단지 용기와 패기를 가르쳐 주는 그런 것들이었을까? 최근의 포켓몬, 디지몬 열풍과 그것을 가지고 노는 아이들의 심리저변에는 어떤 비밀이 숨어 있을까? 그리고 그러한 아이들의 인기를 얻는 일본 상업 애니메이션(animation)이 가지고 있는 텍스트의 무의식은 어떻게 읽어낼 수 있을까? 그러한 애니메이션을 만들어내고 지탱하는 산업적 조건과 상업적 전략은 어떤 방식으로 작동하는가? 이러한 질문들에 유연하고 다양하게 접근하고, 관찰하고, 설명해내 보고 싶은 것이 이제부터 떠나려는 포켓몬-디지몬 탐구 여행이다.

포켓몬 vs. 디지몬

일단 본격적으로 출발하기 전에 포켓몬과 디지몬이 어떻게 다른가 살펴보자. 즐거운 여행의 사전 정보 수집이라는 차원에서 전체적인 큰 그림이 조금 필요하다.

포켓몬과 디지몬의 차이는 무엇인가. 어른들이 언뜻 보기에 두 애니메이션은 내용상 아주 유사해 보인다. 주인공 아이들이 피카츄 같은 작은 괴물이나 아구몬 같은 디지몬을 내세워 싸움을 하는 모습이 비슷하기 때문이다. 그러나 이야기를 조금만 주의 깊게 본다면 이들 사이의 차이는 '주머니'와 '디지털'의 차이만큼이나 큰 것임을 어렵지 않게 발견할 수 있다.

「포켓몬스터」의 기본적인 이야기 구조는 지우와 이슬, 웅이라는 세 친구가 포켓몬 마스터가 되기 위해 길을 가는 로드무비의 형식을 취하고 있다. 지우는 훌륭한 포켓몬 마스터가 되는 것이 꿈이고 웅이는 포켓몬 트레이너가 되는 것이 꿈이다. 이슬이는 세상의 모든 물 포켓몬을 만나보는 것이 여행을 하게 된 동기이다. 이 세 친구는 여행의 과정에서 여러 포켓몬들을 만나고 그들을 훈련시키고 키우며 각자 자신의 목표를 위해 나아간다. 그리고 훈련시킨 자신의 포켓몬으로 다른 포켓몬들과 대결하고, 이기면 그 포켓몬을 얻는 과정을 반복한다. 그들의 포켓몬 친구들은 꿈을 이루어 나가는 목표이기도 하지만 꿈을 이루는 과정에서 중요한 조력자의 역할을 하기도 한다. 그리고 여러 가지 다양한 포켓몬들, 여행을 하는 과정에서 만나는 사람들, 성가신 훼방꾼인 장난꾸러기 악당들을 통해 조금씩 세상을 배워가고 우정과 사랑에 대해 알아간다. 언제나 이들을 방해하는 '로켓단'이라는 우스꽝스러운 악당들은 서로 사정을 봐주기도 하고 때로는 지우 일행과 협력하기도 하며 동행한다. '포켓몬의 귀여운 악당'을 자처하는 로켓단은 항상 맥락에 별로 닿지 않는 '인지상정'이라는 말을 내세우며 지우 일행을 괴롭히지만 에피소드의 막바지에 늘 실패하여 하늘로 날아가며 한 점 빛으로 사라진다. 물론 다음 회에 언제 그랬냐는 듯이 다시 명랑한 모습과 새로운 패션으로 등장한다. 그들의 목표는 지우의 포켓몬인 피카츄를 손에 넣는 것이다.

그러니까 문학적으로 말하자면 「포켓몬스터」는 주인공의 육체적·정신적인 성장 과정을 형상화하는 성장소설[3])의 구조를 갖고 있다. 동시에, 세 명의 주인공이 이 마을에서 저 마을로 여행을 하면서 수많은 포켓몬과 만나고 헤어지기를 반복하는 로드무비의 컨벤션을 따른다. 포켓몬 마스터가 되거나 물 포켓몬을 만나기 위해 여행을 한다는 내러티브(이야기) 구조는 매회 새로운 포켓몬을 만나면서 반복되고 그때마다 그리 심각하지 않은 대결이 있다. 싸움이나 전투라기보다는 대결이다. 정해진 규칙에 따라 힘을 겨루고 패자는 깨끗하게 실패를 인정한다. 그래서 대결의 구도는 금세 우정으로 바뀐다. 언제나 주인공들이 이기기는 하지만 선악의 대립이나 승패의 결과보다는 상대를 이해하려는 마음이 강조되고 있다. 포켓몬들끼리의 전투도 싸움이라 하기 무색할 정도로 간단하고 쉬운 승부로 끝나는 경향이 있으며 죽음과 같은 심각한 내용은 거의 다루어지지 않는다.

이에 반해 「디지몬 어드벤처」는 포켓몬스터의 명랑하고 밝은 분위기와는 다른 좀더 신비하고 무거운 코드들로 이루어져 있다. 즉, 선악의 뚜렷한 대립과 세계 구원이라는 사명을 가진 영웅들이 등장하는 모험소설[4]의 내러티브 구조를 갖는 판타지 장르의 성격이 강하다. 스토리 라인은 다음의 내용이다.

우박, 홍수, 한여름의 눈 등과 같은 이상 기후 현상이 일어나는 여름 방학을 맞아 여름 캠프에 참석한 7명의 어린이(신태일, 한소라, 매튜, 정석, 장한솔, 이미나, 리키)들은 오로라에서 나온 빛에 의해 영문도 모른 채 아무도 모르는 신비로운 세계로 빨려 들어가 일생일대의 모험을 시작하게 된다. 7명의 아이들이 미지의 세계에서 처음 만난 것은 신비의 생명체 디지털 몬스터. 그들은 아이들을 기다려 왔고 디지몬 세계를 사악한 디지몬들로부터 구하려 한다면서 도움을 청한다. 그 과정에서 아이들은 여덟 번째 아이를 찾아 힘을 합쳐야 악의 무리를 물리칠 수 있다는 것을 알게 되고 신태일의 동생 신나리가 바로 그 여덟 번째 아이라는 사실을 알게 된다. 사악한 힘은 가는 곳마다 혼돈을 일으키고 파괴를 자행하면서 디지 월드 전체를 위협한다. 아이들은 저마다 디지몬 파트너(신태일-아구몬, 한소라-피요몬, 매튜-파피몬, 정석-쉬라몬, 장한솔-텐타몬, 이미나-팔몬, 리키-파닥몬, 신나리-가트몬)와 짝을 이루며 악의 무리에 대항해 디지 월드와 현실 세계를 구하는 모험을 한다. 디지 월드와 인간들의 현실 세계는 동전의 양면과 같아 한 세계가 무너지면 나머지 다른 세계도 함께 멸망한다는 사실을 알게 된 것은 훨씬 뒤의 일이다. 아이들은 디지몬과 힘을 합해 사악한 디지몬들과 대결한다. 그 과정에서 용기와 우정, 사랑, 희생이 무엇인지를 배워간다. 그렇지만 그들을 도와주려는 착한 디지몬 친구들을 여럿 잃는 슬픔도 겪는다. 연달아 나타나는 적은 점점 더 강력한 힘을 가지고 있지만 아이들과 디지몬의 힘도 진화(유년기-성장기-성숙기-완전체-궁극체)를 통해 점차 향상된다.

52화로 끝난 1차 「디지몬 어드벤처」의 마지막은 악의 세력으로부터 디지 월드와 현실 세계를 모두 구한 아이들이 그동

안 정들었던 디지몬들과 헤어지는 것으로 마무리되었다.

톨킨의 『반지의 제왕』이나 미카엘 엔데의 『끝없는 이야기』, 조앤 K. 롤링의 『해리 포터』 이야기까지 판타지 장르의 이야기들이 아이들의 마음을 휘어잡는 이유와 디지몬의 인기는 분명히 일맥상통하는 면이 있다. 판타지가 그 뿌리를 신화와 옛이야기에 두고 있다는 사실은 의심할 여지가 없다. 판타지에는 선악과 피아(彼我)의 뚜렷한 대립과 신속한 서사의 전개, 기발한 소재, 음모와 광기, 신비감 가득한 환상의 세계로의 모험이 배치되어 있다. 물론 「디지몬 어드벤처」는 상업 애니메이션이고 TV를 통해 수용자에게 전달되므로 그 깊이와 섬세함에는 명백한 한계가 있지만, 그 큰 틀은 분명히 저 깊은 인간 무의식에 호소하는 신화나 옛이야기의 익숙한 구조, 즉 판타지 내러티브로 이루어져 있다.

신비한 환상이나 꿈이라는 매혹적인 장치는 디지몬 시리즈가 전세계적으로 인기를 모으는 주요 원인의 하나라고 생각된다. 디지몬 이야기는 각각의 어린 수용자들의 인종적, 민족적, 성적, 문화적 정체성을 초월하는 내러티브상의 특징 때문에 성공적인 어린이 판타지 장르의 한 예가 된다. 아이들에게 상상적인 안도감을 주고 인성의 통합을 유도하며 희망을 말하는 신화와 옛이야기의 긍정적 역할을, 일정 부분 TV라는 대중 매체의 디지몬 내러티브가 수행하는 셈이다. 이 부분에 대한 자세한 내용은 뒷부분에서 다시 이야기하기로 한다.

「포켓몬스터」가 보물찾기식의 여행을 통해 아이들만의 자아 찾기를 부담스럽지 않고 즐거운 방식으로 수행한다면, 「디지몬 어드벤처」는 선악의 대립과 나와 너의 확실한 경계짓기, 내 편이 이겨야 한다는 혹은 세상을 구해야 한다는 당위의 완수를 목적으로 한다는 것은 분명하다. 전자가 가볍게 소풍 가는 분위기라면 후자는 부담스러운 시험 같다. 소풍이나 시험은 둘 다 아이들이 자라면서 겪는 하나의 과정이다. 소풍을 통해 아이들이 더 넓은 세상을 알아간다면, 시험은 삶의 단계를 넘어가기 위한 필수적인 과정일 것이다. 그러면 이 두 갈래의 길을 소풍 가는 무겁지 않은 기분으로, 때로는 탐구의 정신을 가지고 떠나보기로 하자.

왜 포켓몬이 아이들을 '미치게' 하는가

집집마다 아이들은 백 개도 넘는 포켓몬스터의 이름을 줄줄이 외우느라 다른 놀이는 뒷전이었고, 야광 포켓몬 스티커가 들어 있는 빵이 불티나게 팔려 나갔으며(아이들은 스티커가 목적이었으므로 빵은 거의 먹지도 않았다), 포켓몬이 텔레비전에 방영되는 시간에는 동네 놀이터가 한산했고, 문방구 앞은 포켓몬 카드를 사고 그 카드로 대결하는 아이들로 장사진을 이뤘다. 옷이며 신발이며 가방과 신발주머니, 공책 표지까지 포켓몬스터가 출몰하지 않는 곳은 거의 없다고 해도 과언이 아니었다. 신문이나 방송의 뉴스에서는 간간이 정체를 알 수 없는 포켓몬의 열풍과 그 폐해(?)를 보도했다. 아이들의 사행심을 조장하고 소유욕을 부채질한다는 이유에서였다. 그만큼 포켓몬 브랜드는 연일 상종가였다. '세일러 문'이나 '황금로봇 골드런'의 인기와는 비교도 되지 않을 정도였다. 포켓몬의 무엇이 그렇게 아이들을 사로잡았을까. 열광이라는 말로는 아이들의 상태를 설명하기에 부족해 적당한 단어를 생각해 보지만 어휘력의 부족 탓인지 '미치다'라는 단어만이 떠오른다.

도대체 포켓몬스터가 무엇이기에 아이들이 이런 반응을 보이는 것인가. 포켓몬스터 열풍은 1995년 일본에서 초등학생을 대상으로 제작된 오락 게임으로부터 시작되었다. 이 주머니 괴물들은 어느 생태계에도 속하지 않는 수수께끼의 특수 생명체로 스스로 빠른 속도로 진화하며 저마다 초능력을 하나씩 갖고 있다. 또 '몬스터볼('포켓볼'이라고도 불린다)'이라 불리는 포획 장치에 넣어 가지고 다닐 수 있으며 주인의 성향에 따라 착하게도 나쁘게도 사용될 수 있다. 가능한 많은 포켓몬을 확보하여 포켓몬 마스터가 되는 것이 이 게임의 목표이고 포켓몬의 획득은 만나는 포켓몬과 그때그때 싸워서 승리하면 그 상대 포켓몬을 전리품으로 얻는 방식으로 진행된다. 1차로 발표된 포켓몬의 수는 151개였으나 개발 회사 닌텐도가 계속해서 새로운 포켓몬을 내놓고 있어 사실상 끝이 없는 게임이다. 이러한 포켓몬스터 게임이 아이들에게 인기를 끌자 역시 가장 광범하고 효과적으로 붐을 만들어낼 수 있는 텔레비전 애니메이션의 형태로 제작된다. 이전의 다른 애니메이션 시리즈물들이 출판 만화와의 연계로 시작된 경우는 많았지만 포켓몬스터의 경우는 게임이 먼저 만들어지고 그에 따라 애니메이션이

제작되는 새로운 유형의 문화 상품으로 등장한 것이다. 포켓몬스터는 매체를 바꾸고 경계를 넘나들며 아이들의 마음을 사로잡는 동시에 많은 채널을 가지고 어린이 문화를 주도하기 시작했다. 일본에서 포켓몬의 위력은 대단한 것이었다. 텔레비전을 보던 아이들이 피카츄의 전기 공격 장면에서 '집단 발작'을 일으켜 병원에 실려 가는 초유의 사태가 빚어지기도 했다. 포켓몬의 열풍은 우리에게도 예외는 아니었다.

앞부분에서 잠시 말을 꺼냈지만 「포켓몬스터」의 이야기 전개는 TV 애니메이션 시리즈의 특징인 에피소드적인 구성과 모험 장르와 성장소설의 성격을 동시에 갖고 있다. 포켓몬스터 서사 구조의 두드러진 특징은 선악의 구분 및 내 편과 네 편의 경계가 뚜렷하지 않다는 것이다. 탈장르, 탈경계의 포스트모더니즘적인 특징이 그대로 드러나고 있다. 이런 특징은 묘사의 과감한 생략과 약호화, 극대화된 리미티드 애니메이션(limited animation) 방식의 도입, 매너리즘적인 애니메이션 작화 스타일 등에서도 확연하게 드러나고 있다.

예를 들어 '잉어킹, 진화의 비밀' 편을 찬찬히 훑어보면 포켓몬스터 이야기의 특성들을 구체적으로 만날 수 있다.

물 포켓몬에 속하는 라프라스를 타고 바다를 가는 지우와 피카츄, 이슬이와 캐토피, 관찰이 일행은 갑자기 등장한 잠수함을 탄 할아버지를 만난다. 그 할아버지는 뭔가를 열심히 관찰하며 기다리고 있다. 물결이 세차게 출렁이고 의 아해하는 아이들 앞에 수백 마리의 잉어킹들이 "잉어, 잉어, 잉어"하는 소리를 내며 나타난다. 일행들은 잉어킹을 따라 '단결섬'에 도착하고 지우가 수고했다고 말하자마자 라프라스는 몬스터볼 속으로 빨려 들어간다. 아이들의 의문은 아무짝에도 쓸모 없는 잉어킹을 관찰하는 일이 뭐 그렇게 재밌을까 하는 것이다. 연어들의 회귀를 떠오르게 하는 잉어킹들의 고향으로 돌아가는 여행은 아이들이 처음 보는 장관이다. 포켓몬 관찰자인 할아버지는 "뛰어난 포켓몬 관찰자가 뛰어난 인간 관찰자란다"라고 말하면서 지우 일행과 함께 잉어킹의 진화를 기다린다. 그 할아버지는 잉어킹을 전문으로 관찰하는 할아버지이다. 그곳에 로이, 로사, 나옹으로 구성된 로켓단이 등장하여 한바탕 소동을 일으킨다. 로켓단의 생각은 진화하기 전의 잉어킹을 모두 잡아 갸라도스 군단을 만든다는 것. 갸라도스는 잉어킹에서 진화하는 거대하고 힘이 센 바다 포켓몬이다. 이 대목에서 펼쳐지는 로켓단의 로사의 코믹한 대사 "하늘도 놀라고 땅도 놀라고 너도 놀라고 나도 놀라는 잉어킹 군단, 작전개시!" 가파른 폭포를 거슬러 오르는 잉어킹들을 보면서 지우와 친구들은 응원을 한다. "저렇게 열심히 살아가는 잉어킹, 잉어킹, 지면 안 돼, 끝까지 올라가는 거야." 할아버지는 강을 거슬러 오르지 못하는 잉어킹에 대해 설명하면서 모든 잉어킹이 갸라도스로 진화하는 것은 아니라고 알려준다. 진화 직전의 잉어킹을 너무 많이 잡은 로켓단은 잉어킹들을 다시 놓아주게 되고 그 과정에서 그들의 목표인 지우의 피카츄를 잡아간다. 지우 일행과 맞닥뜨린 로켓단의 대사, 자신들이 누군지 말해 주는 것이 인지상정이라며 "사랑과 진실, 어둠을 뿌리고 다니는 귀염둥이 악당 로이, 로사" 사랑과 진실과 어둠이라니……, 얼토당토않은 대사의 묘미는 포켓몬스터의 또 하나의 성공 비결이다. 잉어킹이 감전될까봐 피카츄의 전기 공격은 시도되지 못하고 피카츄를 구하려고 이상해씨가 출동한다. 그러나 일은 의외의 곳에서 풀려 한 마리의 잉어킹이 로이의 머리를 물고 안 놓아준다. 할아버지의 도움으로 잉어킹의 등지느러미를 쓰다듬어 주자 잉어킹은 로이를 놓아주고 이제 모든 잉어킹이 진화의 조짐을 보인다. 그 와중에 지우는 피카츄를 다시 찾는다. 잉어킹들의 진화가 이루어지는 동안 할아버지와 관찰이는 열심히 개체수를 세는 일에 몰두하고 아이들은 진화의 장관을 바라본다. 진화 때 생긴 물기둥 때문에 하늘로 날아가는 로켓단은 "다음에 보자"는 말을 남기고 사라진다. 관찰이는 할아버지처럼 열심히 노력해 최고의 포켓몬 관찰자가 될 것을 다짐한다. 지우도 오렌지 리그 위너스컵에서의 우승을 기원하며 계속해서 여행을 떠난다. 지우와 친구들의 여행은 계속될 것이라는 내레이션이 이 에피소드가 끝났음을 알린다.

이 한 편에서 보듯이, 이전의 애니메이션들의 내용과 달리 포켓몬스터에는 지구를 정복하려는 야욕을 가진 악당이 등장하지도 않고, 주인공들도 지구를 지키고 인류를 구한다는 식의 대의명분을 갖지 않는다. 포켓몬들의 성격도 본래 좋은 포켓몬, 나쁜 포켓몬이 있는 것이 아니라 주인에 따라 결정된다. 전형적으로 악당 같은 악당도 없고 언제나 선하고 강한 영웅 주인공이 등장하지도 않는다. 공주나 왕자가 아닌 동네 친구들 같은 평범한 아이들이 이야기의 주인공이 된다. 선악의 경계는 허물어지고 대신 서로를 존중하고 이해하는 사고방식과 집단주의, 실리주의가 중심 철학으로 떠오른다.

흥미로운 것은 포켓몬스터의 시청자층이 3-4세의 유아부터 10대 초반의 초등학생 정도까지로 다른 애니메이션들보다 폭이 넓다는 것이다. 적대적인 등장인물들 간의 관계가 많이 느슨해지고 뚜렷한 경계가 사라졌다는 것은 어린 시청자들을 끌어 모으는 요인으로 작용한 것임에 틀림없다. 또 아이들 특유의 단순함과 꿍꿍이 없음과 무심함 같은 성격이 두드러지게 나타나는 것도 하나의 요인이다. 실제 생활에서 만날 수 있는 영악하지 않은 아이다움이 이전의 약삭빠르고 지나치게 똑똑한 애니메이션의 주인공들과 분명한 차이를 나타낸다. 지우와 이슬과 웅의 관계는 끈끈한 우정에 기초한 것이 아니라 같이 가는 편이 혼자 가는 것보다 유리하기 때문에 지속되는 것이다. 그들 간의 갈등과 대립도 간간이 보이고 간혹 서로의 포켓몬을 차지하려고 대결하기도 한다. 이런 주인공답지 않은 행동들도 보통 아이들에게는 오히려 매력이 된다. 그리고 이러한 서사 구조는 TV 애니메이션 이외에 컴퓨터 게임, 닌텐도 겜보이와 같은 소형 휴대용 게임기, 캐릭터들의 도감을 포함하고 있는 서적, 문방구를 통해 불티나게 팔리는 조립식

모형 캐릭터 세트들, 작은 캐릭터 인형들, 딱지놀이가 가능한 수백 장의 카드, 극장판 「포켓몬스터」에 이르기까지 여러 채널을 통해 자연스럽게 반복되고 학습되고 소비되고 있다. 아이들은 도처에서 주머니 괴물들과 하루에도 수십 번씩 마주치는 것이다.

잡종 괴물들의 카니발 : 신화 속의 포켓몬

그렇다면 아이들이 그렇게 열심히 외우고 좋아하는 괴물들은 어떤 특징을 갖고 있을까. 「포켓몬스터」의 가장 큰 특징은 151개의 기본적인 독특한 캐릭터들의 다양성과 잡종(하이브리드, hybrid)적인 성향이라 할 수 있다. 151개의 기본 캐릭터 외에 실버 버전, 골드 버전 등 2차 포켓몬 캐릭터들이 나오면서 그 총 수는 무려 250개를 넘어섰다. 기본 포켓몬들이 잡종 교배되는 방식으로 증식하는 새로운 포켓몬들은 앞으로도 거의 무한히 증식할 수 있다. 지금도 새로운 포켓몬들이 온라인 게임이나 텔레비전 애니메이션에 속속 등장하고 있다.

상상할 수 있는 모든 동물, 식물, 광물들의 특성을 한 개 이상 지닌 포켓몬 캐릭터들은 TV와 게임, 만화책을 통해 아이들과 만난다.

　이해를 돕기 위해 포켓몬들의 종류를 잠시 살펴보자. 포켓몬들은 동물 포켓몬, 풀 포켓몬, 광물 포켓몬, 새 포켓몬, 벌레 포켓몬, 전기 포켓몬, 물 포켓몬, 불 포켓몬, 독 포켓몬, 정체를 알 수 없는 포켓몬, 진화하지 않는 포켓몬, 전설의 포켓몬 등으로 구분된다. 이러한 구분과 성격에 따라 분류되는 캐릭터의 설정은 '주인공의 집단화'의 극단적인 예이며 그 자체로 하나의 재미있는 놀이가 된다. 아이들은 포켓몬 도감을 사서 그 종류를 외우고 누가 더 많이 알고 있나 내기를 한다. 그리고 새로운 포켓몬이 등장하면 그 포켓몬에 대한 설명이 이야기 진행 도중에 소개되기도 한다. 아니 소개이기도 하지만 일종의 학습 과정이기도 하다. 이와 같은 범주의 구분들은 포켓몬의 가장 큰 특징에 따른 것이지만 정확한 기준이 적용되는 것은 아니다. 독 포켓몬이면서 벌레 포켓몬에 속할 수도 있고, 동물 포켓몬이면서 전기 포켓몬일 수도 있다. 장르를 넘어서고 종을 넘나들고 동물인지 식물인지 알 수 없는 포켓몬들은 합리나 이성으로는 설명되지 않는 것이고 애니미즘(animism) 적 발상의 쾌거이다.

　아이들은 흔히 자기의 곰 인형에게 말을 걸고 역할 놀이를 한다. 같이 끌어안고 잠을 자고 가끔 밥도 먹이고 외출도 함께한다. 그런 인형 같은 존재, 즉 자신의 장난감이 말하고 움직이며 자기를 위해 상대와 힘겨루기를 한다면 정말 신나는 일일 것이다. 이것이 포켓몬의 주 시청자층의 나이가 다른 애니메이션을 보는 아이들의 연령보다 어린 이유이다.

더글러스 러시코프는 새로운 세대 아이들의 사고방식은 이전과 많은 변화 양상을 보이는데 선형적 사고, 이원성, 기계론, 중력감, 메타포, 신 등은 몰락하는 반면에 카오스, 전체성, 애니미즘, 공감몽환, 압축재현, 자연 등이 부상한다고 설명한다. 그리고 보니 신세대 아이들의 코드를 통해 바라보면 포켓몬의 특성 중 많은 부분의 설명이 가능하다. 잡종적 성격이 나타내는 코스모스가 아닌 카오스, 집단으로 여럿이 무리 지어 다니는 전체성, 공구의 일종인 코일에도 생명이 있다고 생각하는 애니미즘적 속성, 커다란 포켓몬들도 얼마든지 들어갈 수 있는 포켓볼이라는 포획 장치가 가진 압축재현의 성격 등이 그렇다.

피카츄는 쥐 포켓몬이면서 강한 전기로 적을 감전시킬 수 있는 전기 포켓몬이기도 하다. 주인공 지우와 가장 친한 포켓몬으로 귀여운 모습과 행동으로 사랑받는 캐릭터이다. 피카츄는 더 강한 라이츄로 진화할 수 있다. 또 다른 지우의 포켓몬인 꼬부기는 물대포를 특기로 삼고 있으며 어니부기로 진화한 후 다시 더 강력한 물대포를 등에 부착한 거북왕으로 최종 진화한다. 금속 대포를 몸의 일부로 가지고 있는 커다란 직립 거북이가 바로 거북왕이다. 생명체와 기계의 결합이라는 점에서 거북왕은 사이보그이다. 꼬리에 불을 단 꼬마용 파이리는 상대가 쓰러질 때까지 싸우는 투지를 지녔는데 공격을 받으면 받을수록 꼬리의 불이 더 커지는 성질이 있다. 파이리는 리자드로 진화하고 리자드는 다시 리자몽으로 진화한다. 리자드와 리자몽은 순한 파이리와는 달리 트레이너의 말도 잘 안 듣고 성격도 광폭하게 진화한다. 몸의 형상만 변하는 것이 아니라 성질까지 변하는 것도 포켓몬의 매력이다. 정해진 것이라고는 거의 없고 예측할 수 있는 것도 많지 않다. 어른들의 말을 듣지 않고 자기 멋대로 하고 싶고 그러면서도 큰 몸과 센 힘을 가지고 싶은 아이들의 무의식을 반영하는 캐릭터인 것 같아 흥미롭다. 그렇지만 이들이 모두 파괴적이거나 폭력적인 것은 아니다. 성질이 다른 것을 다양한 개성으로 보고, 서로의 차이를 존중하고 인정한다. 이것이 포켓몬스터가 이전과 이후의 애니메이션 시리즈들과 다르게 보이는 이유이다. 성이나 폭력을 강조하지 않으면서도 아이들에게 우정이 무엇인지 꿈이 무엇인지를 알려주고, 그것을 이루기 위해서는 노력을 해야 한다는 교훈을 아이들이 좋아하는 방식으로 애니메이션 속에 녹여내고 있는 것이다.

기본적으로 포켓몬들은 성별의 구분이 분명하지 않고(암수로 따로 진화하는 니드런 같은 포켓몬이 없는 것은 아니다) 국적도 분명하지 않다. 나이도 알 수 없다. 또 희소성이 있는 것도 아니다. 어느 지역에 가면 등에 꽃이 핀 두꺼비 모습의 수많은 이상해꽃들이 모여 산다. 또 어느 섬에 가면 수많은 코일들이 함께 있다. 그리고 이들은 조금 더 힘이 세지거나 몸이 커지고 능력이 향상되는 방향으로 진화한다. 그렇지만 모든 포켓몬들이 진화하는 것은 아니다. 진화도 선택 사양으로, 원해야 하는 것이다. 더 이상 강철로 된 로봇들의 합체나 변신이 아니다. 생명이 있는 포켓몬들은 생물학적으로 진화한다. 이러한 변화는 유전공학이나 생물학의 발달과 깊은 관계가 있는 듯하다.

포켓몬 캐릭터들의 전반적인 특징은 앞에서 언급했다시피 잡종성(hybridity)이다. 이상해씨5)의 경우, 두꺼비와 식물의 씨의 결합을 보여준다. 두꺼비가 등에 씨를 매달고 있는 형상의 이상해씨는 그 씨에서 싹이 나면서 이상해풀로 진화하고 꽃이 피면 이상해꽃이 된다. 이상해씨보다는 이상해풀이, 이상해풀보다는 이상해꽃이 힘이 세고 전투력도 높다. 뚜벅초는 사람처럼 걸어다니는 풀이다. 밤에만 걸어다니는 풀인 뚜벅초는 잡종 포켓몬으로 분류된다. 뚜벅초는 냄새꼬로 진화하고 커다랗고 화려한 꽃을 가진 독초 라플레시아가 된다. 파라스와 파라섹트도 마찬가지이다. 곤충과 버섯의 잡종인 파라스는 등에 붙은 버섯이 성장하여 독을 뿌리는 파라섹트로 진화한다.

〈포켓몬 캐릭터의 분류〉

진화하지 않는 포켓몬	정체를 알 수 없는 포켓몬	동물 포켓몬	전기 포켓몬	광물 포켓몬	잡종 포켓몬 (hybrid)
시라소몬 폴리곤 홍수몬 롱스톤 파오리 프테라 잠만보	고오스-고우스트-팬텀(유령 포켓몬) 셀라-파르셀 질퍽아-질빠기 슬리프-슬리퍼	미뇽-신뇽-망나뇽 파이리-리자드-리자몽 캐터피-단데가-버터플	찌리리공-붐볼 피카츄-라이츄	별가사리-아쿠스타 꼬마돌-데구리-딱구리 코일-레어코일 암나이트-	이상해씨-이상해풀-이상해꽃 뚜벅초-냄새꼬-라플레시아 파라스

			물 포켓몬	암스타 투구-투구푸스 새 포켓몬	-파라섹트 모다피-우츠동-우츠보트 아라리 -나시
프리져 썬더 파이어 뮤츠 뮤 마임맨 스라크 루주라 라프라스 메타몽 에레브 마그마 쁘사이져 켄타로스 럭키 덩쿠리 캥카	(최면 포켓몬) 탕구리-텅구리 또가스-또도가스 캐이시-윤겔라-후딘	뿔충이-딱충이-독침붕 꼬렛-레트라 아보-아보크 모래두지-고지 니드런(암)-니드리나-니드퀸 니드런(수)-니드리노-니드킹 삐삐-픽시 식스테일-나인테일 푸린-푸크린 이브이-부스터 이브이-샤미드 이브이-쥬피썬더 뿔카노-코뿌리 주뱃-골뱃 포니타-날쌩마 야돈-야도란	꼬부기-어니부기-거북왕 잉어킹-갸라도스 콘치-왕콘치 쏘드라-시드라 쥬쥬-쥬레곤 크랩-킹크랩 왕눈해-독파리	구구-피존-피존투 깨비참-깨비드릴조 두두-두트리오	

여기서 주목해야 할 것은, 포켓몬들의 잡종성은 어느 날 갑
자기 튀어나온 것이 아니라 오랫동안 전해져 내려온 신화나
전설상의 존재들과 아주 흡사하다는 점이다. 주지하다시피
'괴물(monster)'의 형상은 반인반수이거나 정확히 정체를 알
수 없는 카오스적 존재들이다. 엘리아데는 『성과 속』에서 성

스러운 것은 신적인 질서가 부여되어 있는 코스모스의 세계에 속하는 것으로 보았고, 속된 것은 카오스의 세계로 우주적인 물, 어둠, 밤, 죽음과 같은 상징, 즉 형태를 갖지 않은, 아직 형태를 획득하지 못한 모든 것을 상징한다고 설명하고 있다. 그리고 카오스의 상징은 용, 바다의 괴물, 태초의 뱀과 같은 형상이라고 말하고 있다.

서양의 오랜 전통에서도 그렇다. 초현실주의 회화의 원조가 되는 네덜란드의 화가 히에로니무스 보슈의 유명한 삼면화 「쾌락의 정원」에는 무시무시한 잡종 괴물이 여럿 등장한다. 지옥이 그려진 오른쪽 패널을 보면 포켓몬스터에서 볼 수 있는 괴물들이 있다. 머리 셋 달린 도마뱀, 걸어다니는 파충류, 새의 얼굴을 한 괴물이 사람을 이미 반쯤 삼킨 모습, 인어와 같은 사람과 물고기의 하이브리드, 알을 낳는 늑대, 쥐 얼굴의 난장이, 발이 넷 달린 사람, 사람-나무(오른쪽 날개의 중심부에 자리잡고 있는 중심인물) 등 잡종의 괴물들이 지옥의 모습을 표현하고 있다. 또 그의 다른 그림들에서도 바퀴 달린 용, 발 달린 물고기, 살아 움직이는 바위, 구토하는 개구리와 같은 피조물들을 어렵지 않게 찾을 수 있다. 상상할 수 있는 가장 두려운 괴물은 종의 경계를 흐리고 결합되지 못할 것들이 결합된 형상이다.

동서양을 막론하고 신화나 전설의 여러 괴물들은 잡종이다. 중국 신화의 보고인 『산해경』에는 '신선'의 전신으로 여겨지는 '탁비' '주' '옹' '부혜'와 같은 사람 얼굴을 가진 새가 등장

25

하고 있다. 이외에도 날개가 달린 물고기 '문요어'나 '나어', 발 달린 물고기 '초어', 사람 얼굴을 가진 용 '고', 말의 몸에 사람의 얼굴을 지니고 호랑이 무늬에 새의 날개를 가진 '영소', 쥐의 형상에 새의 날개를 가진 '우조' 등 수많은 하이브리드 형상의 신화적인 존재들이 등장하고 있다. 포켓몬의 캐릭터들은 많은 부분 『산해경』에 등장하는 신이적 존재들의 영향을 받았다. 꼬리 아홉 개 달린 여우 구미호의 후예 나인테일, 머리가 둘 달린 새인 두두, 세 개의 머리를 가진 두트리오는 '창부'와 '기여' 같은 산해경의 괴이한 존재와 흡사하다. 또 날개 달린 용이나 뱀의 형상을 한 존재들은 롱스톤이나 갸라도스 같은 거대한 물 포켓몬이나 리자몽, 미뇽, 신뇽과 같은 용 포켓몬이 된다. 인어 형상의 쥬쥬나 쥬레곤도 흥미롭다. 특히 상서로운 새 '봉황'은 화이어나 썬더 혹은 프리져와 같은 전설의 포켓몬이 되어 나타난다. 거북 등껍질이 달린 물고기 '방어'는 라프라스의 이미지적 기원인 듯하고 황제가 머리를 자르자 젖으로 눈을 삼고 배꼽으로 입을 삼아 방패와 도끼를 들고 춤추었다는 '형천'은 시라소몬의 모습과 유사하다. 또 머리 하나에 몸 셋이 달렸다는 '삼신국' 사람들은 괴력몬으로 형상화된 듯 보인다. 반복하자면, 잡종성은 동서고금의 신화에 등장하는 괴물이나 신화적 존재의 특색이다.

그렇다면 왜 잡종인가. 인간은 모든 능력에 있어 자연계에서 흔히 볼 수 있는 동물이나 식물들, 광물들보다 훨씬 나약하고 열등한 존재이다. 이러한 인간의 원초적인 열등감은 동물이나 식물을 신앙의 대상으로 삼는 이유가 되었다고 할 수 있다. 나약한 필멸의 존재인 인간에 비해 동물들은 날아다니는 능력, 물 속에서 헤엄을 잘 치는 능력, 보는 능력, 듣는 능력, 빨리 달리는 능력, 수백 년을 살 수 있는 능력 등 인간을 초월하는 여러 가지 능력들을 가지고 있다. 인간은 또한 홍수나 화재, 바람과 천둥 번개, 더위와 추위 같은 자연 재해에도 속수무책이다. 원시 고대 사람들은 그러한 자연 재해를 과학적으로 설명할 수는 없었지만, 그것을 신화적으로 설명하는 것은 가능했다. 그들은 뛰어난 능력을 지닌 인간 이외의 존재들을 상상하였고 경외심을 가질 수밖에 없었다. 그 존재들을 의인화하고 시각화한 것이『산해경』의 신비한 존재들로 형상화되었고 포켓몬으로 부활하였다고 할 수 있을 것이다.

애니메이션이나 게임의 캐릭터 개발에 있어 신화적인 이야기의 차용이나 캐릭터의 개발은 이미 새삼스러운 것이 아니다. 게임을 조금이라도 해 본 사람들은 '오딘'과 같은 북유럽 신화의 신들이나 '골렘'과 같은 괴물들의 존재, 아름다운 영웅이 보물을 얻어 괴물을 퇴치하며 모험을 해 나가는 이야기 구조에 익숙할 것이다.『반지의 제왕』이나『해리포터』이야기도 다르지 않다. 이들 상상력의 원천은 바로 신화이다. 이러한 로드무비적 성격과 신기한 괴물들의 이야기는 인기가 있어야 하는 상업 애니메이션의 특성에 딱 맞아떨어지는 것이다. 아이들은 열광하고 캐릭터들은 그런 인기에 힘입어 수많은 잡종적 존재들로 증식하고 애니메이션은 그 잡종성을 극대화하면서 유지된다.

　서양 신화에는 이외에도 잡종성을 지닌 신화적 존재들이 많다. 사람의 피와 정기를 취한다는 사람 얼굴에 새 모습을 한 그리스 신화의 '엠프사' '스트리게' '라미아' 등의 사악한 여신들은 흡혈귀의 원조 격이 된다. 또 사람과 말의 잡종인 '켄타우루스'나 사람과 소의 혼혈 '미노타우로스'는 신화적 존재이다. 외디푸스에게 수수께끼를 내었다가 그가 정답을 맞히자 낙담하여 물에 몸을 던졌다는 '스핑크스'도 여자 얼굴에, 사자의 몸, 독수리의 날개를 지닌 괴물이다. 중세에 그려진 사탄의 형상은 하이브리드의 결정체라 해도 과언이 아니다. 악마가 변신하는 형태 중 '그리핀(griffin)'은 독수리의 머리, 날개, 발톱에 사자의 몸을 지닌 괴수이다. 인간의 머리를 가진 용도 악마의 화신이다.

　놀라운 것은 이러한 잡종의 성격을 가진 신화적 존재들이 포켓몬스터의 캐릭터들로 살아 돌아오고 있다는 점이다. 머리나 꼬리, 다리가 여러 개 달린 동물들, 다른 종들의 여러 특징을 한 몸에 가지고 있는 캐릭터들, 심지어 기계나 금속이 생명체와 합쳐진 모습이거나 완전한 무생물에 생명이 부여된 것 등, 상상할 수 있는 모든 종류의 생명체가 포켓몬스터인 것이다. 어떻게 보면 포켓몬의 세계는 신화적 공간의 애니메이션적 재현이기도 한 것이다. 그리고 아이들은 그런 신화적 존재들, 잡종적 존재들을 가지고 두려움 없이 놀고 있다.

나와 너의 경계없음 :
아이들과 포켓몬의 심리적 조우

　작고 위협적이지는 않지만 주머니 괴물도 괴물이다. 괴물을 가지고 노는 이야기, 괴물을 수집하는 이야기가 포켓몬 이야기이다. 괴물이란 궁극적으로 '타자(the other)'이다. 모든 괴물은 타자이다. 타자는 정상이 아닌 존재, 주변으로 밀려난 존재, 억압되어 있는 존재, 힘없고 소외된 존재, 이것도 저것도 아닌 경계에 선 존재일 수도 있다. 잠깐 호러영화의 괴물들을 생각해 보자. 호러영화의 괴물들을 주체에게로 귀환하는 타자의 모습으로 분석하는 것은 이미 공식화되어 있다. 주체와 타자는 무엇이 정상이고 무엇이 비정상인가 하는 문제와 긴밀하게 연관되어 있다. 대개 서구에서 정상성(normality)의 범주에 드는 주체는 일부일처제 하의 이성애주의자이며 부르주아계급에 속하는 가부장적 자본주의자라고 할 수 있다. 이들이 정상적인 세계의 주인이다. 정상이라고 말해지는 것들은 사회의 기준을 이루고, 정상이 아닌 것, 비정상으로 간주되는 것들은 무시되고 왜곡되고 지배당하고 거세되며 주변으로 밀려난다. 정상성은 지배 이데올로기로 작용하고 학교나 국가, 경찰 등의 권력기구에 의해 유지된다. 이 정상성의 범주를 벗어나는 존재들인 동성애자, 프롤레타리아, 공산주의자, 여성, 유색인종, 소수민족, 어린이, 장애인 등은 모두 타자이다. 소외되고 억압되고 경계에 서거나 이승과 저승을 떠도는 존재들이 괴물들이다. 완전히 이 세상에 속하지 못하고 원한과 저주를 품은 존재들이 괴물이 되어 우리를 위협하고 두려움에 떨게 만든다. 자신의 피조물에 의해 죽임을 당하는 내용의 이야기들이 얼마나 많은가. 저주는 그것을 만든 사람에게 돌아오고 원한은 언제나 주인을 향한다. 호러영화에서 타자는 괴물의 형상으로 주체를 위협하고, 마치 무의식이 의식을 불쑥불쑥 뚫고 올라오는 꿈처럼 호시탐탐 주체에게 귀환하려 애쓴다. 타자는 왜곡되고 훼손된 모습으로, 괴물의 형상으로, 주체의 그림자로 돌아온다. 주체는 자신과 다르다는 이유로 타자에게 공포를 느끼고 이를 해소하기 위해 타자인 괴물을 동화시키거나 제거하려고 분투한다. 괴물은 타자이므로 죽어 마땅하며 영웅 주인공에게 괴물 살해는 필수이다. 괴물이란 결국 정상성의 검은 망령인 셈이어서, 주체와 타자의 관계는 떼거나 분리할 수 있는 것이 아니다.

아이나 주머니 괴물(포켓몬스터)들은 엄밀한 의미에서 타자들이다. 그들은 정상 범주에 속하는 어른도 아니고 사람도 아닌 존재이다. 로봇메카닉물의 내러티브 중 거대 로봇이 외계로부터 왔다는 설정이나, 마법소녀물의 초창기 주인공(새리나 꽃분이)이 알지 못하는 별이나 다른 차원에서 온 공주라는 사실들을 상기해 보면 그들의 '타자성'은 분명해진다.

미국 호러영화의 괴물들은 외부(다른 세계, 즉 바다의 심연, 알 수 없는 행성, 이국적인 정글, 다른 나라 등등)에서 내부(미국 내부, 즉 옆 마을, 옆집, 자기 집의 지하실, 심지어 옷장, 침대, 텔레비전, 아니면 가족, 아이, 꿈속까지)로 들어오는 경로를 갖는다. 일본 애니메이션의 괴물(로봇이나 외계인 공주 등은 타자이고 괴물이다)의 경우도 그와 유사하다.

아이들이 '타자의 공포'를 갖지 않는 것은 어찌 보면 당연한 일이다. 타자들 간에 공포를 느낄 이유가 무엇인가, 두려움을 모르는 것은 그것들이 자신들과 다르지 않다고 여겨질 때 가능하다. 타자들의 연대와 동류의식이라고 하면 논리의 비약일까? 아무튼 아이들은 주머니 괴물을 좋아하고 그들과 감정적으로 동화되며 게임을 하고 즐거워한다. 어른들은 커다랗고 그럴듯해 보이는 괴물에게 공포를 느끼지만 아이들은 귀엽고 앙증맞은 주머니 괴물을 가지고 논다. 더구나 애니메이션의 세계는 공포보다는 희열이 넘치는 곳이고 무엇으로도 변할 수 있는 마법과 상상력의 공간이며 억압의 해방구이다. 그 안에서 아이들은 타자들만의 카니발적인 즐거움을 만끽하는 것이다. 「센과 치히로의 행방불명」에서 일본의 잡신들이 한판 축제를 벌이던 장면을 떠올려 보라. 아이들은 그 잡신들을 두려워하지 않는다. 바로 그것이 바흐친(M. Bakhtin)적 카니발이며 '그로테스크한 몸'의 현현이라고 할 수 있다. 동물과 식물이 섞이고, 광물들이 살아 숨쉬고, 금속으로 만들어진 벌레들, 구미호나 용, 불새와 같은 상상의 생명체들을 작은 포켓볼 속에 넣어 자기 것으로 한다는 설정은 몸이 부풀어 오르고 어른이 되는 것 이상의 희열을 준다. 그것은 새로운 소유의 방식이고 아이들 스스로를 주체로 만들어 주는 타자의 포섭인 셈이다.

그러니까 잡종의 괴물, 종의 경계가 무너진 이런 가상의 생명체들이 요즘 아이들에게 폭발적으로 인기를 끄는 이유는 기본적으로 타자로서의 동질감을 기반으로 하면서(아이들이 열광하는 이유), 진화하고 성장하는 특유의 생명력, 잡종성과 경계 없음 등에서 연유하는 것이라고 생각된다. 단 하나가 아닌 여러 가지의 무엇인지 알 수 없는 힘이 아이들을 끄는 것이다.

'생명력'이란 측면에서 포켓몬스터는 이전의 애니메이션들과 구별된다. 포켓몬 캐릭터들은 바위이건 쇠로 된 광물질이건 모두 생명을 갖고 있다. 돌멩이 하나라도 죽은 것은 아무것도 없다. 살아 움직이는 용바위 롱스톤이나 진화하는 꼬마돌, 건설 현장에서나 볼 수 있는 부속품 코일마저도 인격과 영혼을 가진 존재이다. '모든 것에 영혼이 깃든다'는 만물 정령주의, 애니미즘의 성격을 다양한 포켓몬으로 구현하고 있는 것이다. 아이들은 곧잘 인형이나 자동차에 인격을 부여하며 놀이를 하고, 그것들이 영혼을 갖고 있다고 믿는다. 이런 아이들의 믿음을 보여주는 상상의 공간이 포켓몬의 세계이다. 심지어 아이들은 포켓볼 속의 포켓몬들을 소유할 수도 있다. 그림에 생명을 불어넣는 '애니메이션'이나 '애니미즘'이 '생명'이나 '영혼' '정신'을 뜻하는 'animus' 'anima'라는 라틴어에서 유래한다는 것을 감안하면 포켓몬 세계는 어쩌면 애니메이션의 성격에 가장 잘 부합하는 것인지도 모른다.

'기술적인 것과 마술적인 것의 결합'이라는 신세대 아이들의 특징은 애니미즘의 부상과 깊은 연관이 있다. 극단적인 것들 사이의 경계가 허물어지는 양상은 마법소녀물이나 로봇메카닉물에서 벌써 오랜 관습으로 자리잡았고 네오 마법소녀물에 와서 효과적으로 결합한다. 기술과 마술의 결합은 '물질적인 것과 정신적인 것의 결합'이며, 무생물에도 생명을 부여하는 포켓몬스터의 하이브리드성에서 극대화되고 있다.

들뢰즈(G. Deleuze)적 의미의 '다수다양성'도 이들의 행동양식을 그대로 드러낸다. 아니 들뢰즈까지 논의를 확대시키지 않더라도 한여름 땅거미가 질 무렵, 킥보드를 타는 한 무리의 아이들을 만나는 것은 그다지 어려운 일이 아니다. 형광빛으로 반짝이는 바퀴들은 마치 한 떼의 야광충들같이 저녁 공기 사이를 빠른 속도로 유영한다. 아이들은 그 야광 바퀴의 움직임을 즐기면서 어른들은 모르는 자신들만의 또래 문화를 만들어 간다. 누가 누구인지는 별로 중요하지 않다. 그 집단 안에서 아이들은 존재감을 확인하고 스스로의 정체성을 획득한다.

이들에게는 이름이 무엇인지보다 킥보드를 타고 한 무리를 이루어 형광빛으로 함께 달린다는 사실이 더 중요하다. 어떤 의식이 있어서라기보다는 본능적으로 그들은 그렇게 행동한다. 집단적인 행동 양태와 복수적인 존재라는 의식은 신세대 아이들과 포켓몬 캐릭터들이 가진 또 하나의 유사점으로 보인다. 그러나 아이들이나 포켓몬이 집단적으로 등장하고 단순히 수가 복수라는 것과는 그 성격이 조금 다르다. 그 성격은 단순한 '복수성'이 아니라 들뢰즈의 '다수다양성' 개념의 구체적인 시각적 예로 설명될 수도 있다. 흥미롭게도 러시코프가 주장하는 산호초와 같은 군체적 유기 조직들의 '프랙탈 구조'나 들뢰즈가 말하는 '주름'이나 '크리스탈 체계'의 개념은 포켓몬과 신세대 아이들의 성격을 추론해 보는 데 유용한 틀을 제공한다.

'다수다양성(la multiplicité)'이란 들뢰즈의 『천 개의 고원』에 나오는 개념으로, '복수적인 것(le multiple, 복수성)'과 구별된다. 이 개념은 여럿이라는 '특징'과 '성격'이 중요하며 독립적이고 자기 충족적인 하나의 차원을 구성한다. '다수다양성'은 '주름'이라는 들뢰즈의 개념과 유사하다. 이것은 '떼나 무리'를 이루며 마치 같은 모양으로 확산되는 대리석의 주름무늬나 나무의 나이테와 같은 성격을 갖는다.[6] 들뢰즈는 하나의 체계를 구성하기 위한 단일성이 필요하지 않고, '복수적인 것' '다수다양한 것' 자체가 고유한 조직을 이룬다고 설명한다. 형광빛으로 달리는 킥보드를 탄 아이들이나 무수히 많은 피카츄들은 대리석의 주름무늬들이나 나무의 나이테같이 '다수다양성'

의 시각적 예가 될 수 있을 것이다.

'복수적인 것'에 비해 다수다양성은 의미 작용과 주체화가 자신을 '제치고 불쑥 튀어나오는 것'을 허용하지 않기 때문에 평평한 것으로 정의된다. 부정적으로 말해 다수다양성의 '밋밋하고 평평한' 성격은 탈의미작용과 탈주체성을 뜻한다. 긍정적으로 보면 다수다양성은 '자신의 모든 차원들'을 꽉 채우고 있으며, 본질을 바꾸지 않는 한 부수적인 차원을 받아들이지 않는다고 말할 수 있다. 결과적으로 다수다양성은 내적 본질과 관계한다는 것이다.

여기에서 들뢰즈의 '다수다양성'과 '주름'에 대해 길게 말하는 것은 그의 철학적 통찰이 N세대 아이들이나 그보다 더 어린 포스트 N세대 아이들[7], 그들이 열광하는 '다수다양한' 포켓몬의 성격과 일맥상통하기 때문이다. 한 마리의 피카츄는 유일한 존재가 아니다. 현실의 모든 종이 그렇듯 무수히 많은 피카츄가 있다. 이름은 똑같이 피카츄이지만 그들은 모두 같은 피카츄가 아니다. 각각의 개체는 고유한 특성과 성격을 갖는다. 나의 피카츄와 너의 피카츄는 다른 피카츄인 것이다. 때로 그들은 힘을 합해 위기를 극복하기도 하고 악당들을 물리치기도 한다. 피카츄들은 대리석의 주름무늬들이며 나무의 나이테이자 킥보드를 타는 아이들과 동일한 성격을 지닌 것이다. 그 결들의 주름무늬, 나이테는 그 자체가 하나의 정체성이므로 그 주름에서 튀어나온다는 것은 정체성의 박탈을 의미한다. 그들은 그 주름무늬 안에서, 그 프랙탈적 군체조직 안에서

만 살아 있음을 느끼는 것이다. 들뢰즈에 대한 뷔댕의 해석을 받아들인다면, 다수다양성을 지닌 어린 신세대에게 '왕따'는 자신을 제치고 불쑥 튀어나오는 존재이다. 그 존재는 평평하고 밋밋한 성격과 균열을 일으킨다. 내적 본질에 균열을 일으키는 개체는 집단에서 따돌림당한다. 이것은 심각한 존재감의 박탈과 부정을 의미한다. '왕따'여서 자살을 하는 것이 요즘 아이들의 심약한 성정 탓만은 아닌 듯하다. 과거에도 왕따는 있었지만 죽음이라는 극단적인 선택을 하지는 않았다. 개인적인 성향이 농후한 듯한 아이들이지만 실제로는 오히려 집단주의적인 성격이 더 강화되는 모습을 보인다.[8]

앞에서 잠시 언급했던 킥보드를 타는 아이들의 무리라든가 서로 볼 수 없는 수십 명이 한꺼번에 할 수 있는 온라인 게임 등은 좋은 예이다. 그렇다고 이들이 획일화된 몰개성의 성향을 가졌다는 의미는 아니다. 그들에게 개체의 '다양성(들뢰즈적인 '다수다양성'과는 다른 의미에서)'은 중요한 단어이다. 다양성이란 기본적으로 개인주의와 상대를 존중하는 마음에서 시작된다.

포켓몬 캐릭터 중 '바보 포켓몬'들이 있다. '바보 포켓몬'으로는 잠만 자는 잠만보, 가장 허약하고 아무짝에도 쓸모 없다는 잉어킹, 할 줄 아는 것이라곤 꼬리로 하는 낚시뿐인 야돈이 대표적이다. 인간 어른으로 치자면 무위도식하는 부류이다. 그러나 포켓몬의 세계에서는 아무도 이들을 탓하지 않는다. 오히려 의외로 인기를 누리기도 하는 캐릭터들이다. 싸움을 못하는 바보 포켓몬들은 매회 싸워서 새로운 포켓몬을 얻어가는 지배적인 이야기 구조와는 무관한 존재들이다. 그들의 자리가 있다는 것은 다양성과 상대성의 인정이라 할 수 있을 것이다. 바보 포켓몬인 '잉어킹'이 진화하면 엄청난 힘을 가진 '갸라도스'가 된다는 것도 의미심장하다. 이는 잠재성과 가능성의 실현인 셈이며, 대기만성형 인간의 은유로 읽히기도 한다.

'전설의 포켓몬'도 존재한다. 흔히 볼 수 없는 희귀한 포켓몬으로 신화적 존재의 성격을 다분히 지니고 있다. 식스 테일이 진화하는 나인 테일('구미호'의 다른 이름이다), 염력을 사용하는 캐이시, 윤겔라, 후딘, 미뇽이 진화하는 신뇽과 망나뇽 등이 여기에 속한다. 그밖에도 '최면 포켓몬'인 슬리프와 슬리퍼, '유령 포켓몬'인 고오스, 고우스트, 팬텀 등이 존재한다. 용이나 구미호, 유령이나 귀신, 주술적인 성격을 갖는 무당 같은 존재까지 캐릭터화하고 있고 아이들은 이들과 친밀성을 느낀다. 포켓몬스터의 특징은 경계 없음과 잡종의 경향, 생명력, 다수다양성과 집단성 등이며 이러한 성격은 아이들의 속성과 매우 유사하고 그래서 아이들이 포켓몬에 열광하는 것이라 생각된다.

다시 한번 질문을 던져보자. 왜 「포켓몬스터」가 아이들을 미치게 하는가? 첫째, 포켓몬 캐릭터들이 갖고 있는 원형적인 신화적 존재로서의 이미지가 아이들의 의식과 무의식을 즐겁게 한다는 점을 들 수 있다. 신화는 보편적인 의식과 무의식의 원형이라 할 수 있다. 그런 신화적 존재들의 세계는 익숙하고 친근하다. 둘째, 하이브리드성을 지닌 괴물, 포켓몬스터가 아이들과의 타자적 연대를 이룬다는 점이다. 본성적으로 타자의 공포가 없는 아이들의 특성이 이를 가능케 하는 것으로 여겨진다. 타자들만의 흥겨운 카니발이라는 점이 또한 아이들을 미치게 하는 원인이다. 셋째, 집단주의적이고 다수다양성을 체화하고 있는 어린 아이들에게 유사한 성격의 포켓몬스터들의 활약이 어느 정도의 감정적인 카타르시스를 담보한다는 점이다. 포켓몬들과 함께 울고 웃고 어려움을 극복하는 서사구조가 '반복과 혁신'이라는 장르적 구조와 맞물려 아이들에게 매력으로 작용한다. 게다가 빨리 어른이 되고 싶고 힘이 세지고 싶은 아이들의 원초적 욕망은 진화를 통해 점점 강한 힘을 갖게 되는 포켓몬들에게 그대로 투사되고 있다. 아이들은 포켓몬과 함께 자라는 것이다. 이런 의미에서 포켓몬스터는 '어른들은 모르는' 온전한 자신들만의 이야기인 것이다.

싸우는 다마고치 : 디지몬의 등장

포켓몬의 열풍이 조금 진정 국면으로 접어들 때 다시 아이들을 사로잡기 시작한 것은 싸우는 다마고치, 디지몬이었다. 동네 상가의 문방구에는 일만 원을 호가하는 신종 다마고치의 유행이 들불처럼 번지고 있었다. 다마고치는 전자 애완동물을 기르는 아이들의 손바닥만한 장난감이다. 작은 액정 화면 안에는 어떤 모양의 공룡 괴물로 진화할지 모르는 알이 하나 있다. 그 알을 재우고 먹이를 주고 똥을 치워주고 비타민 같은 영양분을 공급하고 공을 들이면 어느 날 작은 생명체가 되고 그 생명체를 또 잘 키우고 보살피면 다음 단계로 진화하여 조금 더 큰 생명체가 된다. 조금만 소홀하면 그 전자 애완동물은 죽거나 알 상태로 다시 돌아간다. 아이들은 너나 할 것 없이

주머니에 다마고치를 담고 다닌다. 저마다 조금씩 다른 애완
동물을 키우며 즐거워한다. 그런데 이런 평화로운 다마고치에
싸우는 기능이 더해진다. 그것이 싸우는 다마고치, 디지몬이
다. 그냥 키우기만 하는 애완동물이 아니라 이제는 그것들을
내세워 친구와 싸우고 빠른 시간 안에 승패를 결정짓는다. 개
를 기르는 것에 만족하지 않고 투견을 하는 차원이 된 것이다.
이길수록 전투력은 점점 상승하고 그 힘이 세질수록 진화의
속도가 당겨지고 승률은 더욱 높아진다. 디지몬을 키우는 '디
지바이스(나중에 애니메이션을 통해 알게 된 그것의 이름은 더
이상 다마고치가 아니라 디지바이스였다)'를 갖고 있는 아이들
은 서로 통성명도 하지 않은 채 처음 보는 아이와도 디지바이
스의 조그만 단자를 맞대어 힘을 겨룬다. '승리는 언제나 나의
것'이어야 한다. 이와 같은 게임에 이야기를 입힌 것이 「디지
몬 어드벤처」이다.

　원래 디지몬은 '디지털 몬스터'의 줄임말로 TV 애니메이션
「디지몬 어드벤처」에 등장하는 괴물 캐릭터들을 말한다. 디지
몬들은 일본 반다이사의 인기 게임으로 시작된 '디지털 몬스
터'를 바탕으로 소년 소녀의 모험과 전투를 그린 애니메이션
캐릭터들이다. 디지몬은 공룡, 곤충, 신, 악마, 여러 동물에 관
한 데이터를 입력해 컴퓨터 네트워크상에서 탄생하고 진화하
는 인공 생명체이다. 적과 계속 전투를 하면서 디지몬은 그 힘
과 환경에 따라 진화한다. 그들이 살고 있는 컴퓨터 속의 신비
롭고 불가사의한 세계가 '디지 월드'이다. 1998년 일본 집영

사(集英社)의 『V점프』에 연재를 시작한 이후 토에이 애니메이션이 제작과 배급을 맡아 1999년 3월 후지 TV가 TV 애니메이션으로 일본 전역에 방송을 시작했으며, 우리나라에서는 포켓몬이 인기를 끌자 비슷한 유형이라 여겨진 디지몬 시리즈가 2000년 11월부터 일주일에 두 편씩 매주 방영되었다. 그래서 엄마들은 디지몬을 포켓몬의 후속편쯤으로 생각한다. 그러나 정치적 성향이 그리 짙지 않은 포켓몬에 비해 디지몬 시리즈는 여러 가지 논의가 필요한 일본 애니메이션이다.

한 초등학교 1학년 교실의 급식 시간이다. 교실은 급식차가 들어오면서 어수선해지기 시작한다. 아이들이 떠드는 소리가 교실을 가득 채우자 선생님이 교탁 위의 TV를 켠다. 이어 디지몬 주제가가 흘러나오고 아이들은 하던 일을 모두 멈추고 그 노래를 큰 소리로 따라 부른다. 이내 교실은 한 목소리가 되고 아이들은 서로 질세라 목청을 높인다. 노래를 한바탕 따라 부른 아이들은 이내 선생님의 지휘에 따라 배식을 하고 점심식사를 하기 시작한다.

우연히 보게 된 디지몬의 열풍은 이 정도였다. 여전히 아이들은 띠부실 스티커를 얻으려고 먹지 않는 빵을 사고, 삼삼오오 머리를 맞대고 디지몬 게임에 열중한다. 조금 달라진 양상은 디지몬 열풍의 주체가 포켓몬을 좋아하는 어린 아이들과는 조금 다르게 초등학교 고학년 아이들로까지 확장되었다는 점이다. 포켓몬과 디지몬 중 어느 것이 더 재미있느냐는 질문에 교실 안의 아이들 열 명 중 여덟, 아홉은 단연코 "디지몬이요!"라고 큰 소리로 대답한다.

포켓몬과 디지몬의 가장 큰 차이는 이야기 구조에서 확연히 드러난다. 포켓몬이 로드무비 형식의 성장소설의 성격을 지녔다면, 디지몬은 신화와 옛이야기를 바탕으로 하는 판타지 장르라 할 수 있다. 한마디로 더 큰 스케일과 복잡한 이야기 구조, 인상적인 괴물의 등장이 포켓몬과는 사뭇 다른 재미를 느끼게 한다. 두 번째 차이는 캐릭터의 성격에서 찾을 수 있다. 포켓몬의 괴물 캐릭터들은 애니미즘적인 세계관을 반영하며 이해하기 쉬운 세 단계의 진화를 하는 반면, 많게는 여섯 단계의 진화를 거치는 디지몬의 괴물 캐릭터들은 인간과 기계, 동물과 기계의 경계가 흐려지고 특성이 통합되는 사이보그들이다. 이러한 사이보그적인 성격은 정체성의 문제와 함께 여러 정치적인 함의까지도 내포하고 있다.

포켓몬의 단순한 진화 방식은, 디지 월드에서 인간 세계로 온 얼굴만 있는 생명체가 전투형 사이보그로 변해가는 디지몬의 진화와는 본질적으로 다르다. 웬만한 포켓몬의 진화 단계를 알았던 부모들이라도 여섯 단계로 진화하는 디지몬 캐릭터들을 외우기란 쉬운 일이 아니었다. 그리고 포켓몬의 진화는 다시 전단계로 돌아갈 수 없는 반면, 디지몬의 캐릭터들은 위기의 순간이 되면 다음 단계 혹은 그 다음 단계까지 순식간에 진화하고 전투가 끝나면 다시 이전 단계의 디지몬으로 돌아온다. 어쩌면 진화라기보다 변신이 더 적합한 단어이다. 에너지가 모자라면 진화가 이뤄지지 않기도 하고 적과 싸우다 힘을 소진하면 이전 단계로 돌아가 크기가 작아지고 더 이상의 전투가 불가능하게 된다. 진화하기를 원하지 않는 포켓몬이 많이 있는 것에 비해 디지몬의 진화는 선택에 의한 것이 아니다. 오히려 디지몬의 입장에서 보자면 자율성이 훨씬 덜하다고 할 수 있다. 인간 아이들의 요구에 따라 그들은 몸이 커지고 힘이 세지고 여러 무기로 무장한다.

포켓몬이 자연에 속한 수수께끼의 생명체인데 비해 디지몬은 컴퓨터 합성으로 이루어진 인공 생명체라는 점은 시사하는 바가 많다. 인터넷과 컴퓨터에 익숙하고 전자 애완동물을 키워 본 아이들에게 디지몬은 또 어떤 매력을 지녔는가. 디지몬 시리즈가 포켓몬스터의 순진하고 명랑한 내용과는 또 다른 재미를 준다는 것은 사실이다. 그러나 디지몬 시리즈는 긍정적으로 해석할 수 있는 유익한 측면과 함께 우려해야 할 이데올로기를 가지고 있다. 디지몬 시리즈에는 무조건 재미있고 유익한 이야기라고 손을 들어줄 수만은 없는 요소들이 많이 포진해 있다는 말이다. 어쩌면 그것이 '디지몬'이라는 텍스트에 흐르는 무의식일 것이고 그 안에 내재된 일본적 이데올로기의 징후에 대한 독해를 필요로 하는 이유이기도 할 것이다. 이는 억압되어 있는 일본인들이 가진 타자적 무의식의 귀환이라는 점에서 주목할 가치가 있다. 재미있지만 행복하지만은 않은 '양날의 검' 같은 이 시리즈의 순기능과 역기능은 어떤 것들이 있을까. 디지몬 시리즈에 대한 본격적인 논의를 그것의 장점, 즉 순기능으로 작용하는 판타지 장르라는 점에서 시작해 보기로 하자.

디지몬 사이버 판타지의 매혹

『옛이야기의 매력』의 저자 브루노 베텔하임은 신화나 옛이야기 속의 환상적 사건들이 소원성취나 모든 경쟁자를 물리치고 적을 쳐부수는 어른들의 꿈이나 백일몽과 유사하다는 점을 강조한다. 그리고 신화나 옛이야기의 매력은 바로 평소 의식의 표면으로 떠오르지 못하는 심리를 형상화한 것이라고 결론 짓는다.[9]

옛이야기와 마찬가지로 「디지몬 어드벤처」 같은 판타지 애니메이션은, 어린이들에게 특별한 방식으로 행동해야 한다는 부담감을 주지 않으며 열등감을 불러일으키지도 않는다. 오히려 상상적 안도감(정의가 승리하고 괴물을 물리친다는)과 미래에 대한 희망(위기를 극복했다는, 공주와 결혼하여 영웅이나 왕이 될 수 있다는)을 주며, 행복한 결말(행복하게 오래오래 잘살 것이라는)을 약속한다. 어린 아이는 이야기 속에서 자신의 무의식적 억압과 부합되는 요소들을 만나면 그것들을 되새겨 보고 이리저리 맞추어 보고 공상하다가 자연스럽게 그런 억압과 친숙하게 된다고 한다. 이 과정에서 아이는 무의식적 내용을 환상의 형태로 의식하게 되는데, 이 환상으로 무의식적 억압에 대처하게 된다. 즉, 상상력에 새로운 차원을 부여하는 것이다.

여기에서 중요한 것은 언제나 보장되는 '해피엔딩'이다. 어린이는 한 편의 디지몬 에피소드가 언제나 자신이 원하는 바대로 행복한 결말로 끝날 것을 이미 알고 있다. 중간 과정에서 때로 두렵고 어려운 모험과 전투, 심지어 의사(擬似) 죽음까지도 겪겠지만 말이다. 늘 행복한 대단원을 의심치 않으므로 어린이는 무의식이 의식의 표면으로 떠올라 이야기 속의 세계로 떠나는 것을 두려워하지 않는 것이다. 여름 캠프와 같은 실제적이고 단순하고 우연한 계기로 말미암아 아이들은 환상의 세계로 진입해 들어가고 경이로운 디지몬 세계를 여행한 후 가장 안도감을 주는 방식으로 현실 세계로 돌아온다.

'어리고 약한 주인공이 스스로의 힘으로 용을 죽이고, 수수께끼를 풀고, 재치와 미덕으로 자신을 증명하여 결국 아름다운 공주를 구출하고 결혼하여 그 후로도 오랫동안 행복하게 산다'는 수천 년에 걸쳐 이루어진 공고한 장르 내러티브가 TV 애니메이션으로 재현되는 것으로 볼 수 있는 것이다. 현대의 아이들은 책을 읽거나 이야기를 듣는 것보다 훨씬 손쉽게 TV

를 켜 환상의 세계를 여행함으로써 알지 못하는 사이에 자신의 무의식적 억압과 대면하게 되고 안도감을 느끼면서 소망과 희망을 실현하며 괴로움이나 절망의 감정들을 극복하는 힘을 얻는다. 「디지몬 어드벤처」가 그 기능을 부분적으로나마 성공리에 수행하고 있으며 아이들이 보이는 관심과 인기가 이를 증명하고 있다고 생각된다.

그렇다면 아이들이 맞닥뜨리고 극복해야 하는 '무의식적 억압'이란 무엇인가? 그것은 바로 외디푸스적 갈등, 자아 도취에서 비롯된 실망, 형제간의 경쟁심, 소아적 의타심 등이라 할 수 있다. 그 억압들을 성공적으로 극복하려는 노력은 신화나 옛이야기를 바탕으로 하는 판타지 내러티브의 상징적 언어로 전달된다. 이 판타지 내러티브의 기능이 신화나 옛이야기에서 이제 텔레비전 애니메이션으로 옮아간 것이다. 매체의 변화에 따라 할머니의 옛이야기보다는 텔레비전의 애니메이션이 그들에게 더 가까이 있다. 할머니든 텔레비전이든 아이들은 그 마법과 환상의 세계를 경유하여 반복적으로 악의 세력으로부터 세계를 구하면서 스스로 무의식적 억압에 대응하는 법을 익힌다. 더욱이 약속된 유토피아, 행복한 결말에 대한 믿음은 안도감 속에서 모험을 수행하도록 용기를 북돋아 주며 심지어 죽음까지도 극복할 수 있게 한다.

「디지몬 어드벤처」의 8명의 주인공들은 TV 애니메이션 시리즈의 관습을 따라 저마다의 짝패 디지몬들과 함께 이 세계를 지배하려는 강하고 사악한 디지몬들의 위협으로부터 매주 반복적으로 세상을 구한다. 그 과정은 「디지몬 어드벤처」를 시청하는 모든 아이들에게 매우 통쾌한 순간이다. 어린이가 주인공이 되어 위기에 처한 세계를 구하는 순간은, 현실 세계에서 나약하고 보호받아야 하고 모르는 것이 더 많은 아이가, 강하고 똑똑하고 힘 센 어른과 위치를 전복하는 '바로 그 순간'인 것이다. 더구나 아이들은 편 가르기를 즐겨 하고 좋은 편과 나쁜 편을 확실하게 구분하기를 좋아한다. 등장인물은 착하거나 나쁘거나 둘 중에 하나이지 그 중간은 없다. 착한 영웅 주인공과의 동일화는 승리감을 준다. 어린이들은 어른을 나쁜 어른과 좋은 어른으로 나누고, 그렇게 함으로써 아이로서는 이해하거나 통합하기 어려운 부모의 양면성(좋은 엄마/나쁜 엄마)을 받아들이는 방식을 좀더 쉽게 이해할 수 있다.

어른을 속이고 이기는 이야기는(「디지몬 어드벤처」를 포함해 많은 아이들이 좋아하는 이야기는 나쁜 어른 - 괴물, 디지몬의 악의 세력 베놈 묘티스몬, 사천왕 같은 - 을 물리치는 이야기이다) 아이에게 통쾌하다는 느낌을 주지만 동시에 불안감을 느끼게도 한다. 왜냐하면 어른이라는 존재는 아이를 보호해야 하는데 보호 대상인 아이들과 똑같이 싸우고 패배하기까지 한다. 그래서 아이는 이런 동시적인 감정의 혼란을 해소하기 위해 어른을 분리한다. 이것이 옛이야기에서 나쁜 악당 어른과 좋은 어른이 분리되는 이유이다. 이 과정은 아이가 자신을 보호하지 못하는 어른에 대한 불안감을 현실적으로 설명하는 것이다. 또한 무능하더라도 자신을 보호하는 어른을 안전히 남겨

두고 싶은 심리적 진실을 설명하는 과정이기도 하다. 이로써 아이는 그 현실적 설명과 심리적 진실 사이의 간극을 메우게 된다. 그래서 아이들은 상상 속에서 자신을 억압하는 나쁜 어른의 모습을 거인이나 계모, 괴물, 식인귀 등으로 변형시켜 죄의식이나 갈등을 느끼지 않고 퇴치하는 데 거침이 없어질 수 있다. 그러니까 어린 아이는 나쁜 어른(악당, 괴물)은 물리치고 보호자인 좋은 어른(부모)을 남겨놓음으로써, 현실에서 자신을 억압하는 것을 이기고 극복하는 힘을 기르는 동시에 상상적 안도감을 느끼는 것이다. 그래서 악의 힘을 가진 괴물은 대적하기 힘든 상대이고, 남겨진 좋은 부모(어른, 많은 경우 이들은 병들었거나 나이가 많다)는 상대적으로 무능력하고 무기력하게 그려지는 것이 일반적이다.

『헨젤과 그레텔』의 이야기를 떠올려보면 금방 이해가 된다. 아이들을 내다 버리자고 제안하는 계모의 모습과 자기주장을 하나도 펴지 않는 무능력한 아버지, 그리고 아이들을 잡아먹으려는 마귀할멈, 그런 마귀할멈을 물리치고 보물을 챙겨 집으로 돌아오는 아이들, 계모는 이미 죽었는지 떠났는지 집에는 아버지만이 아이들을 반긴다. 한 인물의 두 가지 측면을 이해하지 못하는 아이들은 엄마를 착한 엄마(죽은 생모)와 나쁜 엄마(계모) 둘로 분리한다. 그럼으로써 착한 엄마를 그리워하고 나쁜 엄마와 싸워 이기는 것이다. 어쩌면 이것은 프로이트가 말하는 거세공포의 극복 과정이며 외디푸스 궤적을 완수하는 자아 정립의 단계이다. 그 모험을 완수하면서 아이들은 성장하게 되고 스스로에게 자부심을 느낀다.

유명한 우주 판타지인 영화「스타워즈」에서 보듯이 주인공 루크 스카이워커는 사악한 적의 우두머리인 다스베이더에 광선검으로 맞선다. 그 자리에서 그는 다스베이더가 자신의 친아버지란 사실을 알게 된다. 무능력한 좋은 부모와 괴물 같은 나쁜 부모의 이분법이 적용되지 않는 순간, 주인공은 혼란에 빠지고 괴로움을 느끼게 되는 것이다. 물론 스카이워커는 정의의 이름으로 악의 세력을 응징하고 외디푸스 궤적을 완수한다. 다스베이더의 이름이 죽음의 아버지(death father)라는 의미를 갖는다는 사실은 그래서 아주 흥미롭다. 좋은 아버지와 나쁜 아버지를 모두 극복하는 이야기는 수많은 영웅 이야기의 본질이다. 그래야 새로운 영웅이 탄생하고 새로운 시대가 열리는 것이다. 그의 스승인 오비완 케노비는 좋은 아버지이고 다스 베이더는 나쁜 아버지의 전형이다. 좋은 아버지는 나쁜 아버지에 의해 살해되고 나쁜 아버지는 아들에 의해 살해된다. 어떤 방식으로라도 아버지는 극복의 대상이다. 따지자면 그는 자신의 생부를 죽이는 외디푸스와 같은 신화 속의 슬픈 영웅이지 옛이야기의 행복한 주인공은 아닌 것이다. 그러나 옛이야기에서는 그런 혼란이 나타나지 않는다. 단지 그것은 무의식의 영역에서 이루어지는 일일 뿐이다. 슬픔이나 괴로움, 아무런 혼란도 없이 괴물을 물리치고 보물을 챙겨 홀가분하게 집으로 다시 돌아오면 되는 것이다. 아이들은 돌아갈 집이 없는 슬픈 영웅이기보다는 익명의 평범한 아이들이고 싶어 하며 자신들의 세계에서 왕이 되면 족하다.

「디지몬 어드벤처」가 상상적 안도감 속에서 무의식적 억압을 성공적으로 극복하도록 하는 순기능을 가진 옛이야기의 역할을 부분적으로 감당한다는 것을 인정한다면, 아이들은 듣고 싶고, 보고 싶고, 믿고 싶은 이야기를 TV를 통해 매주 반복하여 접하는 것이라는 설명이 가능하다. 아이들에게는 자기가 바라는 것보다 더 진실한 것은 없기 때문이다. 특히 TV 애니메이션 시리즈물의 속성상 '반복과 혁신'이라는 장르의 성격이 빠른 주기로 돌아오기 때문에 복잡하고 어려운 진화의 과정이나 스케일이 큰 이야기 구조를 효과적으로 습득할 수 있다.

뒤틀린 시간, 마술적 공간 : 판타지 코드의 변화

　포켓몬의 시간과 공간이 현실 세계를 벗어나지 않는 것과
는 달리 디지몬 이야기의 시간과 공간은 '현실 세계'와 '디지
월드'의 시공간으로 나뉘어 있다. 이것은 분명히 판타지 장르
의 특성이다. 이 두 세계의 시공간은 서로 밀접한 관련이 있지
만 독립적으로 존재한다. 대개 판타지 세계는 현실의 시공간
과 뫼비우스의 띠처럼 연계되어 있고, 등장인물은 대부분 평
범한 아이들이다. 다른 세계로 들어가는 마술 통로, 그 세계에
서 벌어지는 마술적인 모험은 현실과의 대비를 만들어낸다.
다른 세계는 사실적 시간과 상관없는 그 세계 고유의 시간을
가지고 있다. 「센과 치히로의 행방불명」에서처럼 터널을 통과
하거나 「연이와 버들도령」같이 바위로 된 문을 열고 새 세상

으로 나아가거나 「이상한 나라의 앨리스」에서 본 것처럼 토끼구멍으로 빠지거나 하면서 어두운 통로를 통과한 후 특별한 세계로 들어가게 된다. 영화 「매트릭스」에서 영웅은 전화선을 타고 온다. 그것이 죠셉 캠벨이 말한 '문지방'을 넘어 보통 세상에서 특별한 세상으로 진입하는 영웅의 모습이다. 「디지몬 어드벤처」에서 아이들은 컴퓨터 모니터를 통해 디지 월드로 들어간다.

「디지몬 어드벤처」에는 현실 세계와 '디지 월드'라는 두 개의 시공간이 존재한다. 이들 각각이 독립되어 존재하면 아무 문제가 없다. 언제나 그렇듯이 두 세계는 컴퓨터라는 마법의 문으로 통하게 되고 한 세계의 위기가 나머지 한 세계마저 위태롭게 만든다. 사실 환상계나 마법의 세계는 현실 세계를 투사하는 거울상이다. 시공간의 겹침과 경계 흐리기, 혼돈되기, 다른 세계로 넘나들기는 그 자체로 모험이 된다. 바흐친의 카니발 개념을 도입하자면 이러한 축제의 언어는 유쾌한 상대성, 불안정, 개방성과 무한성, 변신성, 양의성, 기이함, 물질성과 육체성, 과도함, 가치 위치의 상호 교환, 존재의 보편성에 대한 감각이다. 시공간의 뒤섞임의 결과인 두 세계의 조우는 아이들의 모험이라는 한판 축제와 카니발의 전제 조건이고, 현실 세계를 잠시 전복하는 것이며, 무의식의 세계로의 여행인 동시에, 어둠을 뚫고 나가는 희망의 여정이라 할 수 있다.

우리는 오래전에 신비의 세계로 빨려 들어가 모험을 하는 또 다른 애니메이션을 본 적이 있다. 「이상한 나라의 삐삐」라는 제목의 이 애니메이션은 폴과 니나, 두 아이가 삐삐라는 곰 같이 생긴 마술 인형의 도움으로 어른들은 모르는 4차원의 세계로 들어가 마왕과 싸워 이기는 이야기였다. 여기에서 기억할 것은 폴과 니나가 4차원의 세계로 들어가게 되는 순간, 현실 세계의 모든 시간의 흐름이 멈춰지고 그들이 모험을 끝내고 돌아오면 정지되었던 시간이 다시 흐르게 된다는 내용이다. 이처럼 환상의 세계, 4차원의 세계로의 모험은 현실 세계의 시간과의 괴리를 해결해야 한다. 아니면 "이 이야기는 모두 꿈이었어요"라는 식의 환상계의 모험을 무화시키는 장치를 마련해야 한다. 이 '시간의 뒤틀림 현상'은 모든 판타지 내러티브의 특성으로 간주된다.

디지몬들과 환상 여행을 하는 것, 시간과 공간의 경계를 넘나드는 것, 마술의 문을 통과함으로써 새로운 세계로 나아가는 것, 뭔가의 경계를 넘어서고 간극을 메우는 혹은 초월하는 여정 등을 통해 아이들은 모험 이전과는 다른 스스로를 발견하게 된다. 그렇지만 본성이 다른 존재가 되는 것이 아니라 더 나은 특질을 획득하게 된다. 그것이 모험의 목적이며 도달해야 하는 궁극의 목적지인 셈이다.

주로 일본에서 제작된 TV 애니메이션들의 역사를 돌이켜 보면, 판타지 장르의 구조는 이미 존재하고 있었다. 「달의 요정 세일러문」이나 「마법 기사 레이어스」와 같은 네오 마법소녀물 계열의 작품들이 그러하다. 그러나 「디지몬 어드벤처」에 특별히 주목하는 이유는 판타지 코드가 변화하고 있다는 점

때문이다.

그 변화하는 코드는 첫째, '마법 혹은 마술'이라는 초자연적인 힘에 의한 판타지 세계로의 매개 방식이 '과학과 기술'로 바뀌고 있다는 것이다. 이것은 마치 독일 표현주의 영화의 대표작인 「칼리가리 박사의 밀실」이나 「골렘」의 사악한 마법사와 피조물, 미친 과학자(의사)와 피조물의 동일한 모티프가 「프랑켄슈타인」이나 그 동화 버전 「가위손」으로 변화하고, 가상공간을 지배하기에 이르는 「론머맨」으로 발전하는 과정과 유사하다.

「디지몬 어드벤처」의 주인공들은 '디지바이스'라 불리는 디지몬 진화에 필수적인 기계들을 갖고 다닌다. 그 기계의 기능은 디지몬들의 진화가 올바른 방향으로 일어나도록 조절하는 것이다. 진화의 방향이 올바르지 못하면 나쁜 디지몬으로 진화하기 때문이다. 디지몬들은 태생적으로 컴퓨터 네트워크 속에서 생겨난 인공 생명체로 설정되어 있다. 그들의 속성상 디지몬은 자료, 백신, 바이러스의 세 종류로 나뉜다. 대개 바이러스형 디지몬은 악한 디지몬에 속하고 8명의 선택된 아이들의 짝패 디지몬들은 백신의 성격을 갖고 있는 경우가 많다. 변신이나 진화도 이전의 마법을 이용한 것이 아니라 과학과 기술을 이용한 형태로 이루어진다. 완전체와 궁극체라는 최종 진화 단계를 거치면 아기 디지몬들은 '기계-몸'을 장착한 사이보그의 형태를 갖추게 된다.

아동문학가 마리아 니콜라예바는 현대의 판타지가 서로 다른 문화적 컨텍스트 안에서 창조된다는 사실에 주목한다. 특히 과학과 기술의 발전은 1950년대부터 판타지 소설에서 다루는 아주 풍성한 현상에 대한 우리의 태도와 판타지 코드를 변화시키기 시작했다고 말한다. 즉, 현대 과학이 설명하지 못하지만 가능한 것으로 받아들이는 또 다른 세계, 회귀적 시간, 또 다른 감각 기관 같은 것들이 포함된다. 이러한 열린 태도는 포스트모던 문학의 분야에서 명백히 드러났고 현대의 아동 문학도 그 영향을 받았다고 말한다. 특히 과학의 발전에 익숙한 오늘날의 어린 독자들은 이전 세대들보다 훨씬 복잡하고 다양한 코드를 갖게 되었다. 그들은 사이언스 픽션과 컴퓨터 게임의 영향으로 복잡한 판타지 코드를 받아들일 자세가 되어 있다. 그리고 그런 복잡한 구조에 익숙하다. 문학작품, 영화와 텔레비전, 비디오를 통해 사이언스 픽션이 널리 보급된 까닭에 어린 독자들은 뒤얽힌 시간적 모순과 복잡한 서술 테크닉을 아무 의문 없이 쉽게 따라가는 데 필요한 훈련이 되어 있다. 또 판타지 이야기를 기초로 한 컴퓨터 게임도 어린이들이 판타지 내러티브를 친숙하게 받아들이는 요소가 된다.

둘째는 「디지몬 어드벤처」가 소녀들이 보는 '마법소녀물'과 소년들의 장르인 '로봇메카닉물'로 나뉘던 TV 애니메이션 판타지 장르의 성적인 구분과 경계를 무너뜨리고 있다는 점이다. 「달의 요정 세일러문」은 현실의 평범한 소녀들이 마법의 도움으로 환상의 세계로 가서 사악한 무리를 물리치고 지구를 구한다는 내러티브를 갖고 있다. 이런 판타지 애니메이션은 어린이들 사이에서 붐현상(booming)을 나타나게 했다. 세일러 문처럼 사회적인 현상이 되지는 못했지만 마법소녀물과 로봇 메카닉물의 결합이라는 관점에서 「마법기사 레이어스」도 중요한 작품이다. 이 애니메이션에는 세 명의 여학생을 주인공으로 정통적인 신화 서사의 구조가 들어 있고 주체성의 형성과 자기 정체성의 분열과 통합이라는 다소 난해한 내용을 포함하고 있는 본격적인 판타지 내러티브를 갖고 있다. 이전까지 로봇 전투는 소년들의 전유물이었으나 이 작품에 와서 세 명의 소녀 전사가 로봇에 탑승해 전투를 수행한다.

「디지몬 어드벤처」에서 성별에 따른 구분은 거의 폐기되는 듯이 보인다. 성별의 구분이 없는 아기 디지몬들은 디지바이스의 작동으로 바람직한 진화를 하게 되는데 아기 디지몬은 남성으로도 여성으로도 진화할 가능성을 갖고 있다. 하나의 아기 디지몬은 다양한 방향으로 진화할 수 있는 잠재성을 가진다. 이는 「디지몬 어드벤처」의 어린 수용자들의 구성이 성적인 구별로 분화되고 있지 않다는 것을 의미한다. 또한 등장인물이 많아 동일시할 수 있는 모델이 다양한 것도 인기의 한 요인이 되었다고 할 수 있다. 그렇다면 이제는 아이들이 동일시하고 좋아하는 디지몬들이 어떤 성격을 가졌고 어떤 방향으로 진화하는지 살펴볼 필요가 있다. 이를 살펴보는 것은 디지몬 시리즈가 가지고 있는 포켓몬 이야기와는 사뭇 다른 긴장을 요한다. 논의의 열쇠는 디지몬들의 진화에 있다.

전투형 사이보그로 자라나기 : 전복인가 책략인가

왜 디지털 몬스터인가? 왜 디지털이고 왜 몬스터인가? 그리고 주제가[10]에서도 명시하듯이 그 몬스터들은 왜 아이들의 친구인가? 아이들이 좋아하는 디지몬 이야기는 포켓몬의 로드무비와 달리 상당히 복잡하다. 그 원인이 영화와 텔레비전 등을 통한 사이언스 픽션의 광범위한 보급과 판타지 이야기를 기초로 한 컴퓨터 게임의 영향으로 보인다는 점은 앞에서 언급했다. 이러한 이야기의 복잡함은 주 시청자층의 나이를 끌어올렸다. 포켓몬을 좋아하는 아이들보다 조금 더 큰 아이들 사이에서 나타나는 디지몬의 인기는 이야기의 복잡함, 선악의 명확한 경계, 권선징악의 반복되는 결말에서 연유한 것이다. 진화도 훨씬 복잡하고 모양이나 특성에 있어서도 별 연관성이 없다. 그리고 진화하는 디지몬들은 대부분 전투형 사이보그로 탈바꿈한다. 그들의 무기는 드릴이나 로켓포와 같은 금속성의 살벌한 것들이다. 그들의 적 또한 그리 위협적이지 않고 귀여운 '포켓몬의 악당 로켓단'과 같은 존재들이 아니다. 확실한 악의 세력인 그들은 전투형 사이보그인 궁극체나 완전체의 디지몬들이 지닌 무시무시한 무기로 가차 없이 무찔러야 하는 대상이다.

전체적으로 코믹한 분위기의 포켓몬과 달리 디지몬 이야기는 슬픔과 비장함의 정서를 보이기도 한다. 일본적이면서 아이적인 경계 혼란이 주는 즐거움과 아이러니의 육화(肉化), 사이보그의 카니발은 아이들의 유토피아를 구축하곤 하는 것이다. 디지몬 캐릭터들이 처음부터 사이보그였던 것은 아니다. 작은 인공 생명체인 아기 디지몬은 진화를 통해 유기체에 기계가 첨가되는 방식으로 사이보그가 되어 간다. 그런데 왜 이들은 모두 전투형 사이보그로 진화하는 것인가.

<디지몬 진화표>를 보면, 어린 집단 영웅들의 리더격인 신태일은 아구몬과 짝패이다. 태일의 문장은 '용기'이고 이 문장의 힘으로 아구몬은 '암흑 진화'[11]하지 않고 완전체의 그레이몬으로 진화한다. 그레이몬은 금속성의 무기들로 무장한 메탈 그레이몬으로 자라나고 다시 워그레이몬으로 초진화하여 절대완전체가 된다. 신태일은 여덟 번째 아이 신나리의 친오빠이다. '우정'의 문장을 지닌 매튜는 파피몬과 짝패이다. 파피몬이 진화하여 가루몬으로, 다시 진화하여 워가루몬, 다시

초진화를 통해 메탈 가루몬이 된다. 여기에서 워그레이몬이나 메탈 가루몬은 의심의 여지없이 전투형 사이보그의 전형적인 형상을 하고 있다. 여섯 단계의 진화를 거쳐 절대완전체가 되는 사이보그 디지몬은 워그레이몬과 메탈 가루몬이다. 나머지 디지몬들은 궁극체 단계까지의 진화만을 한다. 제2기 디지몬 시리즈에서는 궁극체인 인간 형상의 워그레이몬과 동물 형상의 메탈 가루몬의 합체가 시도된다. 인간형 사이보그와 동물형 사이보그의 합체이다. 태일의 디지몬과 매튜의 디지몬이 합체하는 것이다. 최종 진화한 디지몬이 로봇메카닉물의 관습처럼 합체한다는 것은 완전한 하나를 이루어 무소불위의 힘을 갖고자 하는 일본적 무의식의 표출로 보인다.

〈디지몬 진화표〉

	신태일	매튜	한소라	이미나	장한솔	정석	리키	신나리
문장	용기	우정	사랑	순수	지식	성실	희망	빛
짝패 디지몬들	아구몬	파피몬	피요몬	팔몬	텐타몬	쉬라몬	파닥몬	가트몬
유년기	깜몬	푸니몬	뇨키몬	유라몬	뿌글몬	피치몬	포요몬	야옹몬
성장기	코로몬	뿔몬	어니몬	시드몬	모티몬	둥실몬	토코몬	
성숙기	아구몬	파피몬	피요몬	팔몬	텐타몬	쉬라몬	파닥몬	플로트몬
완전체	그레이몬	가루몬	버드라몬	니드몬	캅테리몬	원뿔몬	엔젤몬	가트몬
궁극체	메탈그레이몬	위가루몬	가루다몬	릴리몬	아트라캅테리몬	쥬드몬	홀리엔젤몬	엘젤우몬
절대완전체	위그레이몬	메탈가루몬						

로봇메카닉물의 시초인 「마징가 제트」에서 「그레이트 마징가」 「짱가」 「그랜다이저」 「인조인간 캐산」 「건담」 시리즈 「다간」 시리즈 「수퍼 그랑조」 「황금로봇 골드런」 「신세기 에반게리온」까지, 합체하고 변신하는 로봇이 나오는 애니메이션들 모두를 넓은 의미의 사이보그로 간주할 수 있다. 보드리야르는 "기술은 신체의 연장이다. 기술은 인체 기관의 기능적 첨단화로서, 기관이 자연과 동등하고 자연을 압도적으로 개발하도록 허용해 준다"라고 말한다. 그는 신체 자체도 '매체일 따름'이라고 주장한다.

1960년에 처음 '사이보그'라는 말을 사용한 과학자 만프레드 클라인즈와 나단 클라인 두 사람은 '유기체적인 것과 기계적인 것의 융합, 분리된 유기체적 체계들 간의 결합의 엔지니어링'을 '사이보그'로 정의했다. 또 다너 해러웨이는 유명한 '사이보그 선언문'에서 사이보그가 가진 사회주의 페미니즘의 가능성을 타진한다. 그녀는 사이보그를 '인공 두뇌 유기체이며 기계와 유기체의 잡종 교배이자 사회적 실재임과 동시에 허구의 산물'이라고 정의한다. 더구나 사이보그를 타고나는 것이 아닌 사회적으로 구성되는 성(性)인 젠더의 구분을 넘어서는 포스트젠더(postgender)적인 존재로 설명한다. 궁극적으로 가부장제 사회의 이항 대립적 구도들의 경계를 흐리고 무화시키는 '정체성의 정치학'의 가능성을 발견하는 것이다.

사이보그에서 성차 없는 존재의 가능성을 찾는 그녀의 논의를 그대로 받아들이면 디지몬 사이보그들은 상징계의 이항 대립적 질서를 온몸으로 거부하고 역전시키는 존재들로 이해할 수 있다. 어찌 보면 디지몬 이야기는 상징계적 세계에 포진한 상상계적인 존재들, 혼성과 잡종의 기괴한 몸(grotesque body)[12]들의 축제 이야기이다. 판타지 장르에 등장하는 대부분의 괴물 같은 존재들은 기괴한 몸을 가진다.

그러나 이것이 단지 혼성적 존재, 즐거움을 주는 존재, 성차를 뛰어넘는 전복적인 존재들이라고 긍정적으로만 단정할 수 없는 이유가 있다. 여기에서 자칫 간과하고 넘어갈 수 있는 함정이 있다는 사실을 기억하는 것은 중요하다. 사이보그는 무엇보다도 '군국주의(militarism)와 가부장적 자본주의 사이의 서자'라는 점이다. 이 부분에서 해러웨이는 사이보그가 서자라는 불법적인 존재조건으로 인해 자신의 기원에 대해 불충스러울 수 있다고 주장한다. 그녀는 사이보그를 기존의 질서를 흔들고 교란시키는 전복적 존재로 보려는 시도에 사로잡혀 있다.

하지만 그렇게 단순한 문제가 아니라는 것이 나의 생각이다. 확실히 그 반대의 징후가 어린이들이 즐겨 보고 열광하는 「디지몬 어드벤처」에서 분명히 읽히고 있다. 사이보그는 서자가 아닌 '숨겨진 적자'일 수 있다. 디지몬 시리즈가 가부장적 체제와 자본주의를 공고히 하는 첨병으로 기능하는 TV 상업 애니메이션이라는 점과 일본의 군국주의의 망령이 전투형 사이보그의 형상으로 귀환하고 있다는 점은 경계해야 할 사안이다. 포켓몬에서는 괴물들의 하이브리드적인 성격이 물활론(物活論)적 세계관에 기초한 신화적이지만 소박한 괴물로 형상화되고 있는 반면, 디지몬에 오면 귀엽고 어린 괴물들은 진화의 단계가 거듭될수록 엄청난 화력을 지닌 무기로 무장한 전투형 사이보그가 된다. 이 사이보그의 형상을 진보적이고 전복적인 존재로 파악할 것인지 군국주의와 가부장적 자본주의의 결합물로 이해할 것인지는 심사숙고해야 할 문제이다. 더구나 제2기 디지몬의 캐릭터들은 네 발 달린 짐승의 형상으로 진화하고 그것이 다시 무장한 인간의 모습으로 최종 진화한다. '현대식 무기로 무장한 전사 디지몬'으로 진화의 가닥을 잡고 있는 것을 보면 이 디지몬 시리즈가 군국주의의 부활에 대한 욕망이라는 혐의를 벗기는 쉽지 않은 것 같다. 문제는 그 혐의가 어린이들의 인기를 얻는 판타지의 내러티브 형식에 자연스럽게 묻어오고 있다는 데 있다.

꿈과 용기와 희망을 말하는 디지몬 시리즈의 미덕들을 인정하면서도 떠오르는 의문들을 떨쳐내기는 쉽지 않다. 혹시 선악의 구분이 뚜렷한 상징계적인 세계에 불쑥불쑥 등장하는 혼성의 기괴한 존재들은 상상계적 과거로 회귀하고 싶은 일본의 퇴행 정서를 드러내는 것은 아닐까. 억압되거나 은폐되어야 하는 그래서 내어놓고 말할 수 없는 의식과 억압된 무의식은 호시탐탐 귀환을 꾀한다. 전투형 디지몬들을 제2차세계대전 이후 무의식 깊숙이 억압되어 있는 혹은 숨겨야 하는 제국주의 일본에 대한 향수와 욕망이 의식 세계로 튀어나오고 솟구치려는 움직임의 시각적 형상화로 본다면 무리인가. 로봇메카닉물이 버릴 수 없는 일본의 희망 소년 전사에게 서양의 철갑옷을 입힌 이미지라면, 디지몬의 전투형 사이보그들은 군대를 다시 소유하고 재무장하기를 원하는 일본, 급격하게 우경화의 길을 걷고 있는 현재 그들의 모습을 반영하고 재현하는 것은 아닐까. 수십 년 동안 지구와 세상과 인류를 반복적으로 구하는 아이들에 관한 신화가 정작 말하고 싶은 바는 무엇인가.

어떤 이론가의 정의를 보더라도 사이보그의 첫 번째 특질은 '유기체와 기계의 결합'이다. 사이보그는 괴물적이며 위반의 기호이다. 상상력의 산물인 이 '유기체-기계' 육체는 해러웨이의 말처럼, 허구인 동시에 상상력의 원천이다. 아이들은 어른보다 나와 너의 구분이 확실치 않다. 괴물이자 타자인 사이보그들이 역시 타자인 아직 부족하고 어린 사람, 즉 덜 자란 아이들과 타자적 동류의식을 갖는다는 점은 앞에서 지적했었다. 여기서 한 가지 더 고려해야 할 것은 국경 의식이 부족한 일본적 특성이다. 대표적 사이버 펑크(cyber punk) 애니메이션 「공각기동대」의 감독 오시이 마모루는 한 인터뷰에서 "일본은 섬이라는 특성 때문에 국경이 없었고 제2차세계대전 후 사람들이 군대나 현대식 무기를 실제로 쉽게 볼 수 없었기 때문에 로봇이라는 인간 병기의 개념이 출현했고 인간과 로봇의 합체, 로봇과 로봇의 합체라는 생각이 실제로 가능했다"고 설명한 바 있다. 섬나라이기 때문에 국경이 없는 일본은 다른 민족이나 국가들보다 주체와 타자의 구분이 약하다는 것이다. 그래서 세계 어디서도 유래를 찾아보기 힘든 인간과 기계가 한 몸이 되는 인간 병기의 개념이 생겨났다고 해석한다. 그렇지만 그 카오스적 존재는 세상을 구한다. 사이보그 주체의 정체성은 혼돈적이지만 그런 존재가 결국은 세상을 구한다는 역설은 무엇인가. 디지몬 시리즈가 일본인 자신들도 미처 인식하지 못하는 혼돈적 무의식으로 스스로를 속이고 교란시키면서 상업 애니메이션이라는 대중적 방식으로 소통되는 담론이라면 정말 다시 한번 생각해 봐야 하는 것이 아니겠는가. 수많은 아이들이 보는 텔레비전의 시리즈 애니메이션을 통해 유포된다면 그것은 과연 무해하고 유익한 것인가. 그것이 아이들의 문화라는 이유로 별 저항 없이 수용된다면 이 무차별적이고 폭력적인 '디지몬의 습격'에 무장 해제당하고 있는 것은 아닌가.

일본 애니메이션사에서 디지몬 시리즈는 지극히 일본적인 장르인 로봇메카닉물과 마법소녀물, 전대물 등의 양식적·이데올로기적 특징을 고스란히 반영하고 계승하는 시리즈라는 것을 생각해 볼 필요가 있다. 그 일본이라는 정체성, 그것이 투사되는 일본 상업 애니메이션의 정치경제학이 적용되는 대표가 디지몬 시리즈이다. 장르적으로 치자면 「포켓몬스터」는 「도라에몽」과 같은 명랑하고 코믹한 애니메이션의 계보에 속한다. 그러나 디지몬 시리즈는 폭력과 성을 전략적으로 전면에 내세우는 여러 애니메이션 장르들의 혼융이자 통합이라는 성격을 가지고 있다. 내러티브가 표면적으로 보여주는 것은 권선징악과 세계의 구원이지만 그 아래에는 일본의 제국주의의 논리와 주변을 야만으로 간주하고 자신이 그들을 개화시켜

야 한다는 파시즘적 문명화의 논리가 흐르고 있다는 점을 놓쳐서는 안 된다. 양날의 검 중 한 쪽 날이 새파랗게 날을 세우고 있지만, 그것은 재미라는 또 다른 한 쪽의 강한 날에 의해 잘 드러나 보이지 않는다. 아니 양날의 검이라기보다 날카로운 날이 퍼렇게 살아 있는 일본도에 재미라는 칼집이 씌워져 있는 형국이라는 설명이 보다 설득적일 듯하다. 당의정 안의 독약일지도 모른다. 군국주의와 자본주의의 서자인 사이보그가 주인공이 되는 이야기에는 아무리 무뎌 보이는 날일지라도 위험한 독이 묻어 있는 것 같다. 그런 디지몬 시리즈가 만들어지기까지 도도히 흘러 온 일본 상업 애니메이션의 이데올로기를 포착하는 작업은 아이들이 무엇을 보는지 알아야 하는 부모들의 의무이기도 하다. 디지몬 이야기의 장점을 인식하되 그것이 독이 될 수도 있다는 것을 아는 것과 그렇지 못한 것 사이에는 실로 막대한 차이가 존재한다고 말할 수 있을 것이다. 이와 같은 의문과 제안에 동의한다면, 이제 좀 장황하지만 꼭 알아야 하는 일본 상업 애니메이션의 정치경제학과 이데올로기를 살펴보아야 할 시간이다.

로봇메카닉물, 진화의 정치경제학

어떤 만화영화들이 있었나. 이야기를 그렇게 시작해 보자. 이야기의 출발을 위해 먼저 우리가 접했던 일본 상업 애니메이션들의 지형도를 그려보는 것이 필요할 듯하다.

1960년대 이후 일본 텔레비전 애니메이션 시리즈들은 대개 「미래 소년 코난」과 같은 모험물, 각종 요괴와 마물들이 등장하는 요괴물, 「엄마 찾아 삼만리」「플란더스의 개」 같은 서양 동화의 명작극장 시리즈, 「타이거 마스크」「도전자 허리케인」 같은 스포츠 애니메이션, 「도라에몽」 같은 명랑 코믹물, 「독수리 오형제」처럼 팀을 이뤄 싸우는 전대물, 사이보그물, 우주를 배경으로 하는 다양한 SF물 등으로 분류해 볼 수 있다. 그러나 아이들이 열광한 장르는 뭐니뭐니해도 SF물 중에서 거대한 로봇들이 등장하는 '로봇메카닉물'과 요술공주가 등장하는 '마법소녀물'이었다. 다른 장르들과 달리 이 두 장르는 완구 산업과 밀접하고, 문구나 의상에 있어 아이들의 트렌드를 만든다는 의미에서 지극히 상업적인 동시에 거대한 산업을 형성하고 있다고 할 수 있다. 그것이 이 장르가 현재까지 지속적인 생명력을 가지면서 많은 편수의 제작이 꾸준히 유지되어 온 남다른 이유이다.

「우주소년 아톰」[13]으로 시작된 로봇메카닉 장르는 「철인 28호」로 이어지고 「마징가 Z」「그레이트 마징가」「그랜다이저」 등의 '마징가' 시리즈로 인기를 끈다. 1970년대 말부터 20년 가까이 계속된 '건담' 시리즈 이후 합체와 변신의 개념이 본격적으로 도입되면서 「로봇수사대 K캅스」「마이트가인」「전설의 용사 다간」「슈퍼그랑조」「황금로봇 골드런」 등으로 이어진다. 거대한 하나의 로봇과 한 명의 주인공(「철인 28호」나 「마징가 Z」를 기억해 보라)으로 시작된 로봇메카닉 장르는 시간이 흐를수록 주인공이 집단화하고, 인간과 로봇이 합체하여 사이보그가 되거나 여러 개의 로봇이 합체 변신하는 양상을 보인다. 이러한 변화의 양상 밑에 산업적 요구와 상업적 마인드가 흐르고 있다는 것은 누구나 어렵지 않게 알아챌 수 있다.

사실 주인공들의 집단화나 변신 합체 로봇메카닉의 개발이라는 장르적 속성은 이 장르의 경제적 기반이 되는 일본 완구 산업과의 관계를 고려하면 필연적인 것이다. 1970년대 중반에 일본 유수의 완구 회사인 '선라이즈'나 '반다이'는 텔레비전 애니메이션의 주인공 로봇들을 만들어 팔기 시작했고 그 장르의 인기는 곧바로 엄청난 매출을 가져왔다. 일주일에 두 세 번씩 정기적으로 또 반복적으로 보여지는 시리즈물의 방영은 완구로서의 로봇을 효과적으로 홍보하는 전략이 되었으며, 그 로봇을 가지고 싶어 하는 아이들의 성화에 부모들은 주머니를 털었다. 이러한 전략은 비단 일본뿐 아니라 한국에서도 아이를 키우는 부모들이면 누구나 한 번씩은 경험하는 일일 터이다.

그들은 이윤의 극대화라는 자신들의 자본주의적 목적을 은폐하고 고객을 창출하는 나름의 비법을 터득하고 있었다. 즉, 노동집약적 애니메이션 산업의 약점을 보완하고 그 보완 전략을 통해 일본 상업 애니메이션 특유의 관습을 만들어냈다. 또, 그 매너리즘적인 관습을 백분 활용해 아이들을 반복 학습시켰고, 학습의 결과 완구를 구매토록 조절했다. 이렇게 쓰고 보니 무슨 엄청난 음모를 폭로하는 기분이 들지만 사실이 그렇다. 경영의 최대 목표는 이윤의 극대화이고 언제나 투입보다 산출이 많아야 하는 것이지 않은가.

로봇메카닉물의 초창기 메카닉을 기억해 보자. 깡통 로봇의 일종인 우주소년 아톰이나 출신 성분이 외계인인 우주의 왕자 빠삐는 합체 기능도 없었고 반복적으로 변신을 하는 과정도 없었다. 합체와 변신이 장르 진화의 방향이 된 이유는 바로 경제적인 이유였다고 해도 과언이 아니다. 애니메이션은 실로 노동집약적인 산업이다. 한 편의 애니메이션이 만들어지려면

원화가 있어야 하고 그 원화를 움직이게 하기 위한 수많은 동화가 필요하다. 그 수많은 셀들이 한 장씩 촬영된 후 연결되어야 움직임이 생겨나는 것이고 비로소 주인공들이 살아 움직이게 된다. 실사 영화의 경우 1초당 24개의 프레임이 연속적으로 영사되어야 인간의 육안은 그 정사진들의 연속을 움직임으로 인식하게 된다. '풀애니메이션(full animation)'의 경우 실사 영화와 같은 수의 셀을 사용하므로 움직임이 부드럽고 자연스럽다. 그러나 일반적으로 셀 수를 대폭 줄인 '리미티드 애니메이션'의 경우 1초당 8-16프레임만을 필요로 한다. 일본 상업 애니메이션은 그 셀 수를 뱅크 시스템(bank system)의 도입과 극대화한 리미티드 애니메이션의 방식으로 획기적으로 줄여나가게 되었다. 이는 노동집약적인 작업 과정의 혁명이었고 그대로 일본 애니메이션의 관습으로 자리잡게 된다. 이런 애니메이션의 제작 과정은 TV 셀애니메이션(cells animation)이라 하여도 피할 수 없는 과정이고 많은 돈의 투자가 필수적이다. 이러한 노동 집약적 작업 과정을 조금이라도 줄이는 것이 곧 투자비용을 줄이는 것이다.

일본 상업 애니메이션을 보면 매회 같은 장면(로봇의 합체, 변신 장면, 마법소녀들의 변신 장면 등)의 반복이 유달리 많이 있다. 가령 합체 장면 하나를 떠올려 보자. 갈라지는 학교 운동장에서 솟아오르는 로봇을 보여주고 주인공 아이들이 그 로봇에 탑재하는 장면의 반복은 관습화되어 있고 지극히 양식화되어 있다. 지속 시간 또한 짧지 않다. 게다가 로봇 하나의 등장이 아니라 여러 개의 로봇이 함께 등장하고 합체·변신하기까지 한다. 「황금로봇 골드런」이나 「전설의 용사 다간」의 로봇들은 대개 세 개의 메카닉이 하나의 로봇으로 합체한다.

합체 장면이 잘 안 떠오른다면 친숙한 주제가와 함께 매번 늠름하게 등장하던 거대한 로봇을 떠올려 보라. 그 장면은 이미 다 만들어져 있고 그것을 매회 반복하는 것은 비용을 줄이는 아주 효율적인 방법이다. 그림을 새로 그릴 필요가 없기 때문이다. 「달의 요정 세일러문」의 변신 장면도 마찬가지이다. 어린 여자아이는 몇 번의 회전으로 순식간에 어른으로 자라나고 마법의 목걸이, 요술봉, 세일러복으로 정해진 순서에 따라 의상 변신이 이루어진다. 손톱에는 매니큐어, 날씬하고 쭉 뻗은 흰 다리에는 어느새 부츠가, 손에는 반지, 팔찌……, 적과 대결하기 전 제의적으로 이루어지는 변신·합체 장면 동안 참을성 많은 적들은 공격을 멈추고 우리의 주인공들이 변신하거나 합체하는 것을 기다려 준다. 셀 수를 줄이려는 노력은 비교적 최근의 작품인 「구슬동자」에서 극단적으로 보여진다. 구슬동자의 경우, 셀 수를 줄이기 위해 캐릭터들의 입을 처음부터 그리지 않았다. 입이 없는 대신 구슬동자들은 투구를 쓰고 있다. 말을 하는 옴죽거리는 입을 그리지 않으니 획기적으로 셀 수는 줄어든다. 앞에서 말한 대로, 1초에 필요한 애니메이션의 셀 수는 풀애니메이션의 경우 실사영화와 동일한 24장이며(디즈니 애니메이션은 움직임을 자연스럽게 하기 위해 모두 풀애니메이션 기법을 고수한다) 리미티드 애니메이션의 경우 최소한

8-16장이 필요하다. 그러나 입이 없는 구슬동자의 경우 한 명의 구슬동자가 말하는 시간 동안에도 화면은 전혀 움직임이 없기 때문에 한 장의 셀만으로도 이야기를 전개하는데 전혀 무리가 없게 된다. 화면에서는 구슬동자가 말을 하지만 사실 말하는 구슬 동자는 정지한 한 장의 셀일 뿐이고 목소리를 더빙하는 성우들만 바쁘다. 움직이는 입이 없으므로 장면은 움직일 필요 없이 정지해 있어도 되는 것이다. 극대화된 리미티드 애니메이션의 구현이다.

리미티드 애니메이션 기법과 뱅크 시스템의 효과는 막대하다. 이런 방식의 도입은 가히 혁명적이라 할 수 있는 사건이었고 노동집약적인 산업의 타산을 맞출 수 있게 하는 훌륭한 방법이었다. 그리고 그것은 일본 상업 애니메이션의 흔들리지 않는 관습이 되었으며 그것이 바로 일본을 애니메이션 강국으로 만든 원동력이었다.

그런데 그 장면들은 또 얼마나 반복 학습에 효과적인가. 그 관습은 투자 비용을 줄이기도 하지만 아이들에게 반복 학습의 효과도 가져왔다. 두 마리 토끼를 잡는 쾌거라 할 만했다. "합체!"를 외치며 세 개의 로봇이 한 마리의 커다란 용 로봇으로 변하고, 반짝이는 요술 목걸이가 빛나면서 아름다운 여체로 변신하는 마법소녀들, 학교 수영장이 갈라지고 그 안에서 나오는 세련되고 매끈한 빛으로 반짝이는 로봇들은 판타지의 극치감을 맛보기에 충분하다. 그러므로 하나의 시리즈물에서 인기 있는 로봇 주인공이 하나가 아니라 여럿이 된다면, 그리고 그들이 결합하고 합체하며 새로운 로봇메카닉을 자유자재로 만들게 된다면 금전적인 면에서 또한 얼마나 환상적인 일이겠는가. 일본 상업 애니메이션에서 로봇메카닉물의 장르적 진화 방향은 그렇게 설정된 것이다. 주인공 로봇들이 다른 친구 로봇들과 합체·변신을 거듭하게 된 것이 상업 논리적인 계산의 결과라면 거기에는 분명히 아이들만의 속성과 감성을 건드리는 무엇인가가 있을 것이다. 아이들은 어른과 달리 너와 나의 구분이 강하지 않고 친구들과 어울려 다니며 노는 것을 즐긴다. 그러한 성향은 최근 더욱 강화되는 두드러진 현상으로 보인다. 이 부분에 대해서는 조금 뒤에 자세히 말하기로 하겠다. 어쨌든 이러한 변신과 합체는 상업적 요구를 충족시키면서 매출의 연쇄적인 증가를 가져왔다. 이는 기껏해야 타이거 마스크의 가면이나 딱지의 그림으로 팔리던 수준의 연계 상품과는 비교도 안 될 정도인 천양지차의 고부가가치 상품의 개발이었으며 시장의 개척인 셈이었다. 말하자면 TV는 판촉의 가장 영향력 있는 매체가 되었고 시리즈 애니메니션은 그 자체로 광고였다. 자본의 논리는 여기서 멈추지 않았다. 방법을 알았는데 멈출 이유가 없지 않은가.

로봇 완구 메이커인 '선라이즈'나 '반다이'는 TV 상업 애니메이션의 제작비를 전적으로 혹은 부분적으로 지원하게 되었고 방송사에서는 그런 로봇메카닉물들이 쏟아져 나오기 시작한다. 바야흐로 완구 산업과 애니메니션을 제작하는 회사와 방송사들의 혈맹관계가 불황을 모르는 어린이 산업을 구축하게 된 것이다. 한 쪽에서는 소프트웨어(애니메이션)를 찍어내고, 한 쪽에서는 하드웨어(완구로봇)를 만들어내며 전성기를 구가했다. 그리하여 한 편의 시리즈물에 등장하는 로봇의 수는 하나 둘 늘어나기 시작하고 주인공급의 인물들도 다양한 성격의 여러 인물로 분화하는 것이 필연적인 장르의 관습으로 자리잡게 되었다. 로봇메카닉 장르는 산업의 메커니즘을 창조하였고 이들의 빠른 상호 피드백은 환상적인 완-윈 전략의 구사였음에 틀림없다. 등장인물의 분신 같은 로봇들은 저마다의 팬을 거느리게 되었고 그 팬들은 곧바로 구매력 있는 부모를 가진, 어리지만 왕성한 완구의 소비자가 된 것이다.

그런데 여기서 생각해 볼 문제가 있다. 조금 전에 미뤄 놓았던 문제를 끌어내 보자. 단순히 인기가 좋다고 주인공 로봇이 많이 팔렸을까? 아무리 아이들이지만 피하주사를 놓듯이 자극하면 바로 반응하는 과정을 통해 매출 신장을 가져왔을까? 왜 인기가 좋았을까? 무엇이 아이들을 자극했을까?

일본 상업 애니메이션의 정교한 마케팅 전략은 철저히 아이들의 심리를 분석한 결과였다. 아이들을 매혹하는 이야기는 결코 우연히 만들어진 것이 아니었고 일본인 스스로의 무의식적 욕망을 드러내는 통로였다. 어쩌다가 인기 있는 애니메이션을 만들어 이윤을 극대화했다는 식의 해석은 일본 애니메이션의 힘을 과소평가하는 것이고 그 아래 흐르고 있는 이데올로기적인 무의식을 간과하는 처사이다.

서양의 철갑옷을 두른 일본소년들, 그 숨기고 싶은 욕망

로봇메카닉 장르의 변화와 진화를 무조건 상품과 자본의 논리로만 한정할 수는 없다. 모든 결정은 알튀세(L. Althusser) 적으로 말하면 중층 결정되는 것이기 때문이다. 심원한 무의식으로서의 이데올로기가 실천으로서 존재한다는 것을 떠올려 보면, 진정한 비평적 행위는 이데올로기적 틀을 해체하고 징후적인 해석을 수반해야 한다. 은폐되어 있는 것들을 해석하고 텍스트의 긴장, 부재, 침묵을 드러내 보여야 하는 것이다. 결국 텍스트가 말하고자 하는 것과 실제로 말하는 것 사이의 틈, 그 텍스트의 무의식을 이해해야 한다. 그리고 그런 텍스트를 내적으로 관통하는 무의식을 통해 그 존재의 이데올로기적·역사적 조건과의 관계를 찾아내야 하는 것이다. 그리고 그러한 중층 결정은 결국 필연적으로 정체성의 문제에서 출발한다. 21세기의 한국에서 일본 애니메이션을 분석하는 일은 그래서 의미가 있다는 생각이다.

그러므로 로봇메카닉 장르의 발달이 단지 산업의 논리라는 단일 변수에 의한 해석은 조급한 일반화의 오류를 범하는 것이 될 것이다. 그렇다면 좀더 깊이 있게 생각해 볼 필요가 있다. 아이들이 자본주의적이고 산업적인 자극에 바로 반응하는 것이라고 설명하기엔 뭔지 부족한 것 같다면 그 이유를 찾아봐야 할 것이다. 이 지점에서 아이들이 보는 애니메이션을 만드는 어른들의 무의식 속에 자리잡고 있는 것이 무엇인지 한번 짚어 보는 과정이 필요하다. 과연 그러한 전략이 맞아떨어진 사회적 맥락과 조건은 무엇이었을까? 일본 상업 애니메이션의 제작자들은 아이들의 심리 중 어떤 부분을 건드려서 그들만의 노하우를 성취했을까? 그 전략이 성공할 수 있게 한, 어른들은 모르는 아이들의 심리는 무엇인가? 다시 말하지만 수요가 있어야 공급이 있는 것이고 작용이 있어야 반작용이 있는 것이므로 실제로 아이들의 요구가 고도의 마케팅으로 조작된 것이라 할지라도, 그 무엇이 아이들의 감정선을 건드린 것은 분명한 사실이다. 어른들이 만드는 아이들을 위한 애니메이션, 그 기저에 흐르는 어른들의 은폐하고 싶은 욕망은 과연 무엇일까? 여기서 우리가 징후적으로 읽어내야 하는 것은 어떤 것들인가? 여러 가지 질문들이 꼬리를 문다.

영화가 그렇듯이 애니메이션들도 일정 부분 그 사회를 재현하고 반영한다. 더구나 상업적인 애니메이션의 경우 그 이데올로기적인 특징은 아이들을 위한 것이라는 이유로, 그런 통념으로 인해 더 쉽게 숨겨질 수 있고 거부감 없이 받아들여질 수 있을 것이다. 그렇기 때문에 더 막대한 영향력을 발휘할 힘을 가질 수 있다. 눈에 보이지는 않지만 아이들의 심리를 좌우하는 것은 그런 것들이다. 그렇다면 일본 상업 애니메이션에 담긴 숨겨진 의미들을 한 겹 한 겹 벗겨내는 것은 또 다른 차원의 이야기를 가능하게 한다. 다소 성급하게 이런 이야기를 끌어내는 이유는 일본 상업 애니메이션이 보여주는 것들이 지금 이곳, 아이들의 일상에 스며들어 있기 때문이다. 문화제국주의를 애써 들먹이지 않더라도 그것들은 마치 가랑비에 옷이 젖듯 부지불식간에 의식으로 무의식으로 슬금슬금 스며들기 때문이다. 권력으로 작용하지만 저항은 거의 없는 무풍지대인 셈이다. 일본적인 욕망이, 성적인 메타포가, 정의의 이름으로 자행되는 폭력이, 탐욕스러운 자본주의적 속성이 슬며시 순진한 아이들의 일상으로 자연스럽고도 당연하게 내재화되기 때문이다.

로봇메카닉물 미학의 정수는 뭐니뭐니해도 인간과 기계의 합체, 즉 '사이보그'라는 측면에서 접근해야 그 고도의 양식화를 이해하는 것이 가능하다. 어린 아이와 기계의 합체는 여린 신체의 기계적 확장에 다름없으며 그것은 서양이 되고 싶은 일본적 무의식을 드러내는 것으로 보인다. 메이지유신 이후 서양을 끝없이 모방하고 흉내 내고 서양이 되고 싶은 것이 일본의 욕망이었다. 그리고 그 욕망은 아이누를, 조선을, 대만을 식민지화하며 대동아공영의 야심 찬 제국주의로 발현되었다. 그러나 아무리 흉내에 흉내를 거듭하고 모방에 모방을 반복해도 일본이 서양이 될 수는 없는 노릇이었다. 일본이라는 정체성은 쉽게 버릴 수 있는 것도 버려서 되는 것도 아니었다. 그 일본적 정체성의 무의식적 딜레마가 고스란히 아이들을 대상으로 하는 로봇메카닉 장르의 시각적 형식을 취하며 살아났다고 볼 수 있다.

희망의 상징이며 일본적인 것의 원천인 어린 소년은 서양의 철갑옷(거대 로봇)을 두르고 일주일에도 서너 번씩 반복적으로 지구를 구하고 인류를 지킨다. 일본의 딜레마적 정체성은 자신들의 연약하지만 버릴 수도 없는 희망인 어린 전사들로 재현되고 고착되며, 심지어 대중문화의 방식으로 끊임없이 투사되면서 확대 재생산을 거듭하는 것이다. 그들의 무의식이 혹은 감추고 싶은 의식이 아이들을 대상으로 하는 텔레비전 상업 애니메이션의 모습으로 증식하게 된 셈이다. 이러한 이데올로기적 지향을 가진 그 반복적 강박은 어른이 되고 싶고 힘이 세지고 싶은 아이들의 무의식을 다른 의미로 강하게 자극하는 것이었다. 거대한 철갑옷으로 신체가 부풀어 오르고 인간 어른을 초월하는 막강한 힘이 주어지는 것처럼 아이들의 판타지를 충족시키기에 적합한 것이 또 있을까.

알렉산드로 고마라스카는 일본 애니메이션에 나타나는 '입는 옷'으로서의 로봇 기술을 거론한다. 그는 어린 주인공들에게 가공할 만한 힘과 초능력을 제공하는 기계는 하나의 도구로 여겨지지만 독립적으로 움직이는 것이 아니라 인간이 속에 들어가는 '컨테이너' 껍질, 즉 외피와 같은 개념이 된다고 분석한다. 그리고 갑각류나 곤충의 외피 모양을 한 '모빌 슈트(suit)'는 '테크노 드레스'라고 명명한다. 그는 일본 애니메이션의 '하드 와이어드(hard-wired, 전자 회로와 전선으로 감싸진)' 신체는 급격히 현실화되고 있는 과학 기술과 인간 육체의 거리를 소멸시키는 방향으로 나아간다고 본다. 이 극단적인 예는 대표적 사이버 펑크 애니메이션인 「아키라 Akira」에서 놀라운 스펙타클로 등장한다. 폭발하는 듯한 신체와 그것에 주어지는 초능력은 팽창하고 싶은 아이들의 상상계를 지배하기도 하지만 군국주의와 제국주의의 영광된 과거 일본에 대한 그들만의 지난한 향수의 형식으로도 읽힌다.

신체의 기계적인 확장은 어른이 되고 싶은 아이들에게 매혹이 되며, 막강한 인간 병기의 출현과 앞장서서 지구를 구한다는 대의명분은 일본의 실패한 제국주의적 무의식의 발로라고 본다면 억측일까. 최근 급격한 우경화와 재무장의 노력을 드러내는 일본의 정치적 움직임은 이런 생각이 그렇게 억지스러운 주장은 아니리라는 증거라고 말할 수 있는 여지를 준다. 호시탐탐 의식의 층위로 솟아오르려는 무의식적 욕망처럼, 로봇메카닉물의 일견 순진해 보이는 내러티브의 단순성과 반복성은 일본적 무의식을 징후적으로 품고 있다는 해석을 가능하게 한다.

귀여운 초능력을 섹슈얼 판타지로 치환하기, 마법소녀물

그렇다면 일본 상업 애니메이션의 양대 축의 하나로 일컬어지는 마법소녀물은 어떠한가. 마법소녀물의 원조로 여겨지는 것은 바로 1966년에 만들어진 「요술공주 새리(원제 '마법사 새리')」이다. 그 이후 변신 아이템이 처음 등장하는 마법소녀물은 「거울요정 라라(비밀의 앗꼬쨩)」이며, 마법을 부리는 장면이 반복되고 별나라 공주들의 화려한 장식과 판타지 창조에 필수적인 '꽃' '반짝이는 꽃가루나 리본', 조력자로서의 '동물 친구들'이 관습적으로 등장하게 되는 「요술천사 꽃분이(마녀 메구쨩)」, 로드무비의 성격을 지닌 「꽃천사 루루(꽃의 아이 룬룬)」 등이 1970년대 말까지의 주된 흐름을 이루었다. 이 흐름의 주된 공식은 외계의 공주인 주인공이 부여받은 귀여운 초능력을 이용해 일상의 불편함과 어려움을 해소하는 이야기가 매회 반복되는 것이었다.

소년들을 대상으로 하는 로봇메카닉물들이 지구를 지키고 인류를 구원하는 것과는 대조적으로 이들의 소명은 친구들 간의 오해나 곤란한 일들을 요술과 마법으로 해결하는 것일 뿐이다. 로봇메카닉물들에 많이 보이지 않던 가족이나 형제 자매들의 등장이 빈번하고 이야기가 펼쳐지는 공간도 가정이나 집을 중심으로 구축되었다. 1982년의 「요술공주 밍키(마법의 프린세스 밍키모모)」의 등장은 이러한 마법소녀물의 성격과 흐름을 180° 바꿔 놓기에 이른다. 이 시리즈의 특징은 꼬마소녀가 섹슈얼한 미녀로 성장 변신하기 시작하면서 그 동안의 변신 관습을 송두리째 바꾸게 만든 데 있다. 어린아이의 작은 몸이 나신의 실루엣으로 빙글빙글 돌면서 팔등신 미녀의 그것으로 변화하고 각종 장신구들로 치장하는 순간이 지나면 성능이 의심스러운 고유의 예쁜 무기로 무장하게 된다.

어서 빨리 어른이 되고 싶고 보통의 어른들을 능가하는 힘을 맘껏 휘두르고 싶은 아이들의 심리는 짧은 순간이나마 대리 만족을 경험한다. 더구나 나신의 실루엣은 소녀 시청자들뿐아니라 소년 시청자들까지 텔레비전 수상기 앞으로 끌어들이는 부수적인 효과까지도 누리게 되었다. 비슷한 장르적 특징을 보이는 「천사소녀 새롬이(마법의 천사 크리미마미)」「마법의 스타 매지컬 에이미」「샛별공주(마법의 요정 페루샤)」「꽃나라 요술봉(마법의 아이돌 파스텔 유미)」「뾰로롱 꼬마마녀(마법의 에인젤 스위트민트)」「꽃의 천사 마리벨(꽃의 마법사 마리벨)」등이 인기리에 제작되고 방영된다. 이 종류의 시리즈 애니메이션들은 「달의 요정 세일러문」의 인기가 치솟자 1990년대 말 한국의 공중파 방송 3사의 어린이 프로그램 황금 시청 시간대에 봇물 터지듯 방영되는 현상을 보인다.

'귀여운 초능력'은 이제 '스펙타클한 섹슈얼 판타지'와 절묘하게 뒤섞이며 어른이 되고픈 아이들의 소망을 시각적으로 충족시켜 준다. 그와 동시에 이 장면들은 억압되고 금기시되는 어린 아이들의 성적 욕망을 자극하는 것이었다. 발레리 워커딘은 어린 소녀들의 에로틱화는 상당히 복잡한 문제라고 지적한다. 대중문화의 형식으로 소비되는 에로틱한 소녀의 이미지는 어른들의 욕망 언어를 어린이에게 투영하는 식으로 변형시켜 전달되는 것으로 파악한다. 이 소녀들은 아동 포르노그래피에서 가져 온 '어린 로리타'들이고 매춘부의 이미지를 갖는다는 것이다. 이것은 성적 판타지의 문제이며 육체적 쾌락에 관한 유아기적 섹슈얼리티와 쾌락에 다른 의미를 부여하는 성인의 쾌락이 교차하는 복잡한 현상임을 밝히고 있다.[14]

'어린이에 대한 어른들의 성적 투영'이라는 의심은 소녀들이 등장하는 일본 애니메이션에서 실례를 보여주는 듯하다. 아이 같은 몸매는 찾아보기 어려운 소녀 전사들의 모습은 확실히 여성 섹슈얼리티를 강조하면서 시청자들을 성적으로 자극하려는 불온한 의도를 가진 것으로 보인다. 성적 표현과 암시의 수위를 조금씩 올려가며 허용되는 범위 안에서 섹슈얼리티를 합법적으로 전시하고, 악의 세력과의 대결과 인류 구원이라는 강력한 대의명분으로 폭력이 전면에 부각되는 것이 자본주의적 상업주의의 결과라는 것은 말할 필요가 없다. 그러니까 섹슈얼리티를 내세우는 것은 마법소녀물이고, 폭력을 전면화하는 것은 로봇메카닉물이다. 그 두 장르는 아이들이 보는 '성'과 '폭력'의 장르로 교묘하고 정교하게 완성된 것이다. 주류 장르영화들이 자본주의적 속성과 의도를 가급적 표면에 드러내지 않으면서 성과 폭력으로 도배된다는 점을 상기해 보면, 아이들이 보는 것을 전제로 하는 주류 상업 애니메이션의 작동 원리도 그와 크게 다르지 않다는 것을 알게 해준다.

스튜디오 시스템과 장르 시스템, 스타 시스템이라는 상업 영화 산업의 삼두마차라고 할 수 있는 산업적 시스템들이 일본 애니메이션에도 그대로 적용되게 된 것이다. 완구 산업과 상업 애니메이션 시리즈를 제작하는 텔레비전 방송사가 '스튜디오 시스템'과 다르지 않고, 로봇메카닉물이나 마법소녀물은 독립된 관습을 지닌 '장르'로 확고히 자리잡게 되었으며, 거대한 로봇들과 팔등신 미녀 전사로 변하는 캐릭터들은 그 장르의 '스타'들로 빛나게 되었다는 말이다. 그리고 애니메이션들의 스타 캐릭터와 변신 아이템들은 또 다른 차원의 마케팅 대상이 되면서 독자적 캐릭터 상품으로 팔려 나가게 되었다.

이와 같이 장르의 진화를 거친 마법소녀물은, 1990년대 들어 또 한 번의 변화를 겪게 된다. 통상 '네오 마법소녀물'이라 칭하는 이 발전된 장르는 기존의 마법소녀가 판타지물이나 전대물과 같은 장르들과 혼종되는 성격을 지닌 것이었다. 네오 마법소녀물을 살펴보면 확실히 이것은 일종의 포스트모던적인 장르의 변화를 보여주고 있다는 것을 알 수 있다. 장르 간의 합종연횡이 이루어지면서 여러 흥행 요소들이 결합되고 경계를 넘나드는 내러티브가 구성된다. 「달의 요정 세일러문」이나 「마법의 기사 레이어스」에서 세일러복을 유니폼으로 입은 마법소녀들은 마술봉을 휘두르며 적과 대결을 벌이고 거대한 로봇에 탑재해 무소불위의 강한 힘으로 "사랑과 정의의 이름으로 용서하지 않겠다"고 외치며 악의 세력과 맞선다. 얼굴은 아이이고 거대한 가슴을 가진 몸은 어른인 소녀들이 등장하는 일본 아동 포르노 애니메이션과 핑크영화의 영향이 다시한번 발현되었다는 점이 지적되어야 할 부분이다.

이러한 진화를 촉발시킨 대표적인 시리즈물은 「달의 요정 세일러문(미소녀전사 세일러문)」이다. 로봇메카닉 장르에서 하나의 로봇이 여러 개의 로봇으로 분화되고 주인공이 집단화한 것처럼, 네오 마법소녀물도 주인공이 확연히 집단화되는 경향을 보인다. 세일러 문, 세일러 비너스, 세일러 넵튠, 세일러 마르스, 세일러 주피터, 세일러 우라누스, 세일러 플루토와 같이 태양계의 행성 이름을 따라 명명된 여러 소녀 전사들이 집단적으로 활약한다. 조금씩 다른 얼굴과 성격을 지닌 여러 명의 여전사들이 저마다 다른 포즈로 나란히 등장하는 장면은 얼핏 여성의 몸을 말 그대로 '전시하는' 사창가를 떠올리게도 한다.

그런데 집단화는 전체성과 집단성이 강한 일본적 특성에

기인하기도 하지만 '네트워크 제네레이션'을 의미하는 소위 'N세대'들의 특징으로 지적되는 성질이기도 하다. 개성 백출한 듯 보이지만 매체의 광고와 그것의 훈련으로 이미 취향이 획일화되어버린 젊은이들을 만나는 것은 어려운 일이 아니다. 왕따 현상이 두드러지는 것도 이런 집단성에서 원인을 찾아볼 수 있다는 점은 이미 앞에서 언급한 바 있다. 이러한 집단성이 일본 상업 애니메이션의 상업적 마인드를 자극하고 교감하여 N세대 아이들의 정서와 시의적절하게 맞아떨어진 것으로 보인다. 젊은 세대들의 문화를 분석한 더글러스 러시코프는『카오스의 아이들』이라는 책에서 아이들이 갖고 있는 서로서로 연결되어 하나의 전체가 되고자 하는 욕구, 하나됨의 경험에 대한 욕망을 그들의 의식과 놀이에서 발견한다. 그는 산호초와 같은 프랙탈 구조가 기본이 되는 군체적 유기 조직이 젊은이들의 문화 곳곳에 나타난다고 주장한다. 인간 유기체가 기술을 사용하여 하나의 단일한 네트워크적 전체로 결속되는 과정을 미학화하는 것이 스크린 세대인 이 카오스의 아이들이 하는 놀이라는 것이다. 그리고 그런 성향은 테크노 음악과 군무를 추는 것 같은 레이브 파티에 나타나고 이런 놀이들이 충분히 네트워크화 되기만 한다면 전지구적인 의식을 획득할 수 있을 것이라고 낙관적으로 전망한다. 이와 같은 새로운 행동양식과 사고방식은 인터넷의 사용과 밀접하게 연관되어 있다. 혼자서 문제를 해결하기보다는 여럿이 힘을 합쳐 공동 대응하는 방식을 선호하는 아이들에게, 다양한 개성을 가진 주인공들이 한 몸이 되어 악의 세력과 맞서 싸우는 일본 애니메이션의 이야기는 그 내용과 형식에 있어 더없이 매력적인 것으로 여겨질 것이 분명하다.

'연대를 통한 대응'이라는 문제 해결 방식은 집단의 팀워크를 미덕으로 여기는 전대물의 성격을 계승·발전시킨 것이다. 「사이보그 009」나 「독수리 오형제」를 기억해 보면 적게는 3명 많게는 7-8명이 한 팀이 되어 적과 대결한다. 특히 「독수리 오형제」의 합체는 인상적인데 5명의 대원들을 태운 전투 비행선 안의 주인공들의 얼굴이 고통으로 일그러지면서 불새가 되는 필살기를 보여준다. 고통을 극복하고 적을 물리치는 예의 그 장면은 뭔지 알 수 없는 감동과 카타르시스를 느끼게 했다. 전체성을 강조하는 장면들은 아이들 간의 연대만이 지구를 지킨다는 신념을 직접적으로 보여주며 어른들보다 집단적인 아이들, 특히 네트워크가 중시되는 N세대들에게 더 강력한 설득력을 가진다고 추론할 수 있는 것이다. 소녀들은 이제 더 이상 일상의 소소한 문제들을 해결하는 귀여운 요술공주가 아닌 강하고 유혹적인 여전사들이 되었고 그들의 임무는 지구와 또 다른 환상의 세계를 구하는 것이다. 아무도 알아주지 않아도 이들의 노력으로 사람들과 세계는 악의 세력의 손아귀에 들어가지 않고 일상을 영위하며 평정을 유지한다.

이야기의 구성도 변화를 보인다. 이전의 마법소녀물들이 보이던 마술을 사용해 매번 닥치는 사건들을 해결하는 단순한 반복적 에피소드식 구성을 벗어난다. 마치 이야기의 전개가

두 개로 꼬여 있는 'DNA 이중나선'처럼 이루어져 있다. 그중 하나의 나선은 일상적으로 출몰하는 악당이나 괴물들을 해치우는 기존의 에피소드식 이야기이다. 또 다른 하나의 나선은 지구와 초현실의 세계를 구하는 이야기이다. 이 두 개의 나선은 자칫 지루해질 수 있는 반복적 구성에 긴장을 유지하게 한다. 마치 「X-파일」의 이야기 구조처럼 음모 이론에 입각한 외계인 납치와 가족사에 얽힌 멀더와 스컬리 두 주인공의 이야기 줄기 하나—이해할 수 없는 미해결사건을 추적하는 반복적인 에피소드 구성의 또 다른 이야기 줄기 하나, 이 두 개의 이야기 줄기가 서로 긴장을 만들고 지루함을 상쇄하는 역할을 하는 것처럼 말이다. 「달의 요정 세일러 문」의 경우도 이런 이야기의 이중나선 구조를 가지고 있다. 하나는 악의 세력으로부터 인간 세계와 또 다른 특별한 세계를 구하는 임무에 관한 것이고 다른 하나는 일상에 출몰하는 악당들을 물리치는 이야기이다. 이 두 개의 이야기는 서로 얽히고 긴장을 유지하고 되풀이되면서 인기를 얻는다. 아이들이 이해할 수 있을 만큼 적당히 복잡한 이야기는 시리즈의 또 다른 매력으로 작용한다. 마법소녀물들 중 전무후무한 열풍을 부르고 신드롬을 만들 정도였던 「달의 요정 세일러 문」의 인기는 역시 비결이 있는 것이었다.

이러한 인간 신체의 기계적 확장(로봇메카닉물)과 주인공들의 집단화 같은 아이들 간의 연대(네오 마법소녀물)는 인간 세계뿐 아니라 환상의 세계까지 구원하고자 하는 아이들의 상

상력을 조금 변형된 모습으로 다시 반복한다. 그것이 바로 포
켓몬스터의 등장과 디지몬의 세계 구원으로 발전하게 된 것
이다.

포켓몬 마스터 되기

  이제 포켓몬 디지몬 탐구 여행을 마무리해야 할 시간이다. 여러 가지 방식으로 이리저리 들여다보고 다르게 읽어 보려고 시도했다. 처음 책을 시작하면서 포켓몬은 소풍이고 디지몬은 시험이라고 말했었다. 나비를 보면 할랑할랑 나비를 따라가 보기도 하고 운이 좋으면 보물도 찾을 수 있는 소풍, 힘들고 괴롭지만 통과하고 극복해야만 하는 시험. 이 둘은 모두 아이들이 자라는 데 꼭 필요한 과정이다.

  디지몬 시리즈는 이전의 여러 상업 애니메이션에 흐르던 이데올로기와 무의식들이 뒤섞여 있는 것으로 읽힌다. 물론 옛이야기의 기능을 하는 디지몬의 미덕을 부정하는 것은 아니다. 아이들은 선한 것이 무엇이고 악한 것이 무엇인지를 배우고, 그 과정 속에서 심리적 안정감을 얻는다. 그런데 그 미덕이 수행되는 과정이 너무 폭력적이다.

그리고 무엇보다도 그 아래 흐르는 로봇메카닉물의 이데올로기, 즉 서양의 철갑옷을 두른 일본적 정체성의 딜레마와 거기에서 연원하는 '자신들이 세계를 구원한다'는 군국주의적 팽창주의·집단주의의 경향을 염려하지 않을 수 없다. '스타크래프트'와 같은 게임의 서사에 익숙한 사람들은 알 것이다. 제국이 등장하고 수많은 전투가 벌어지고 피와 살이 튀는 죽고 죽이는 것이 놀이가 되는 세상이다. '스타크래프트'는 아이들용 게임이 아니다.

그러고 보면 포켓몬의 세계와 디지몬의 세계는 완전히 다른 세계임에 틀림없다. 포켓몬 시리즈는 몇 명의 친구가 각자의 목표를 위해 여행을 함께 한다는 로드무비적 이야기이다. 등장하는 캐릭터들도 애니미즘에 입각한 이상한 생물체들이다. 그들의 수는 디지몬들보다 많지만 관계는 적대적이지 않다. 그리고 가장 중요하게 거론되어야 할 것은 서로의 차이를 인정하고 다양성을 존중하는 자세이다. 포켓몬의 세계는 말 그대로 '똘레랑스'의 세계이고, 여러 가지 꽃들이 만발한 들판 같은 긍정적인 포스트모더니즘의 세계이다. 결코 이야기의 중심을 차지하지 않는 잠만보나 야돈, 잉어킹들이 존재하는 공간이다. 그러나 주변에 있는 그들에게도 나름의 평화가 공존하고 있다. 그리고 그런 포켓몬들을 만나면서 아이들은 길 위에서 '나'를 찾아간다. 훌륭한 포켓몬 마스터가 되기 위해서 말이다. 누구나 때로는 어쩔 수 없이 서로 폭력적으로 죽고 죽이는 디지몬 세상의 전투를 피할 수 없다. 그럼에도 불구하고, 자신을 찾아 떠나는 포켓몬 여행이 훨씬 평화롭고 행복하지 않을까.

사족 하나 : 더불어 최근의 판타지 열풍을 생각해 본다.『반지의 제왕』『해리포터』로 대표되는 이야기들. 그 이야기들의 상상력의 풍성함, 중요한 가치를 위한 여정과 투쟁의 미덕 말이다. 그런데 그러한 이야기들의 껍질과 외피를 빌려오지만 그 안에 들어 있는 것이 제국주의적 향수이고 급격한 우경화와 재무장의 갈망이라는 무의식이라면 심각하지 않을 수 없다. 결국 텍스트의 무의식을 드러내는 것이 비평의 임무일 터이다.

1) 이밖에도 금방 기억나는 주제가들은 아주 많다. 기억을 조금 더듬어 보면, 바다의 왕자 마린보이, 짱가, 원시소년 돌치, 인조인간 켓산, 밀림의 왕자 레오, 우주전함 태극호 등등……. '바다의 왕자 마린보이 푸른 바다 밑에서 잘도 싸우네. 용감하고 씩씩한 자랑스러운 마린보이 소년은 우리편이다. 착하고 아름다운 인어 아가씨야 마음씨 좋은 흰고래야 정말 고맙다.'(마린보이)

'어디선가 누군가에 무슨 일이 생기면 짜짜짜짜짜짱가 엄청난 기운이 야! 틀림없이 틀림없이 생겨난다 지구는 작은 세계 우주를 누벼라…….'(짱가) '괴로워도 슬퍼도 울긴 왜 울어 참고 참고 또 참지 울긴 왜 울어 웃으면서 달려보자 푸른 들을…….'(캔디) '먼동이 터오는 아침에 길게 뻗은 가로수를 누비며 잊을 수 없는 우리의 이 길을 파트라슈와 함께 걸었네…….'(플란더스의 개)

2) 미학적이고 이론적으로 표현하기엔 적합하지 않은 '만화영화'라는 용어가 당시의 상업 애니메이션을 말하기에는 더 적절한 듯하다. 이후에는 '일본 상업 애니메이션'이라는 용어를 사용할 것이다.

3) 성장소설은 주인공의 육체적·정신적 미성숙의 상태가 갈등을 통해 성장해가는 내용을 형상화한 소설이다. 대개 성장소설은 주인공의 지적·의식적 미성숙이나 사회적 지위의 미천함, 애정의 결핍 등으로 인한 갈등 양상이 전개되는데 주인공이 이에 좌절하지 않고 새로운 차원의 단계로 성장하는 과정을 보이게 된다. 'initiation story', 통과제의 소설이라고도 하며 교육소설이나 교양소설(buildungsroman)이라는 용어로도 많이 쓰인다.

4) 문학평론가 서영채는 이런 모험소설을 역사, SF, 첩보, 로맨스의 혼성 장르라고 설명한다. 또한 그 유행을 대중 문화의 중심 장르로, 비디오 문화의 뒤이은 현상으로 파악한다. 지루하거나 머뭇거릴 틈이 없는 오락 영화의 문법을 가진 이런 종류의 소설들에서 심리 묘사는 긴요한 경우에만 삽입되어야 하고

지루한 장면의 묘사는 금기이며 반전은 필수적이고 대화는 짧을수록 좋다. 서영채, 「문학, 절망 혹은 전망, 환멸의 시대와 소설 쓰기」, 『문학동네』 94년 겨울, 문학동네, 1994.

5) 포켓몬스터의 이름은 각 나라마다 다르다. 이름만을 놓고 봐도 얼마나 공들인 캐릭터인지가 드러난다. 걸어다니는 풀 뚜벅초, 여러 개의 알로 이루어진 아라리(알알이), 언제나 두통에 시달리는 오리 고라파덕(골아파덕), 잠만 자는 잠만보, 최면을 거는 슬리퍼, 포니타가 진화한 날쌩마, 전기가 오르는 찌리리공 등 151개의 포켓몬의 이름은 성격이나 특성을 역시 잡종적인 이름 짓기와 압축재현의 형식을 통해 표현하고 있다.

6) 이 부분에 대한 논의는 미레유 뷔뎅, 김동윤 옮김, 「인터넷과 들뢰즈-인터넷에 대한 들뢰즈적 접근」, 『비평』 제2호, 비평이론학회, 생각의 나무, pp.560-586에 논의되고 있다.

7) 나는 컴퓨터와 인터넷의 사용이 아주 어린 나이부터 몸에 밴 초등학생과 유치원생들, 그러니까 포켓몬에 열광하는 아이들을 네트워크 제네레이션(N세대)과 구분하기 위해 '포스트 N 세대'라는 용어를 사용한 바 있다. 「왜 포켓몬스터가 아이들을 미치게 하는가」, 『영상문화』 02, 한국영상문화학회, 2000.

8) 최근 중학생들과 초등학교 고학년들 사이에 유행하는 온라인 게임 중 '어둠의 전설'이라는 것이 있다. 각자의 역할을 잘 수행하는 여러 종류의 구성원이 함께 협력해야만 살아남을 수 있고 적을 무찌르고 다음 단계로 나아갈 수 있다. 마치 혼자서는 아무것도 할 수 없다는 것을 안다는 듯이 공동체를 형성하고 그 안에서 존재감을 느끼며 빠른 속도로 의사소통하는 것이다.

9) 신화와 옛이야기, 우화는 물론 구별된다. 신화와 옛이야기는 그 표현 양식이 다르다. 신화는 신들의 이야기이며 비극으로 끝나는 경우가 많다. 또한 수용자에게 이상형에 대한 좌절과 열등감을 준다. 반면에 옛이야기는 해피엔딩이 필수적이며 보통 사람들의 이야기면서 누구나 주인공이 될 수 있는 이야기를 이른다. 주인공들은 대개 익명으로 등장하고(막내, 공주, 바보, 왕과 왕비, 왕자, 마법사, 기사……) 그 익명의 이름만큼이나 성격은 전형적이다. 특히 옛이야기는 신화나 교훈

적인 우화와는 달리 상징적인 언어로 풍부하고 중층적인 의미를 전달한다. 베텔하임은 옛이야기가 어린이들의 정서나 인성의 발달에 긍정적인 기능을 한다는 것을 역설하고 있다.

10) 디지몬 주제가는 꿈과 희망, 모험을 강조하며 아이들이 세상을 구한다는 내용으로 이루어져 있다. "찾아라 비밀의 열쇠, 미로같이 얽힌 모험들, 현실과 또 다른 세상, 환상의 디지털 세상, 펼쳐라 마음속 날개, 이대로 멈출 순 없어, 빛나는 희망을 걸고, 어둠 뚫고 나가자. 어쩌다 함정 속에 빠질지라도, 위기의 파도 속에 갇힐지라도, 생각한 대로 이루고 싶어. 디지몬 친구들 렛츠 고 렛츠 고, 세상을 구하자 렛츠 고 렛츠 고, 승리는 언제나 우리의 것 렛츠 고 고 고."

11) 암흑 진화는 디지몬이 잘못된 방향으로 진화하는 것을 의미한다. 암흑 진화하는 디지몬들은 사악한 디지몬이 되어 디지월드를 오염시키고 파괴한다.

12) 바흐친에게 몸으로부터 의미를 분리시키거나 물질과 기호적 가치를 분리시키는 것은 불가능하다. 그의 문화 구성 원리는 대화주의에 입각하고 있으므로 물질과 기호, 몸과 의미의 상호 작용이 중시된다. 육체성의 과장과 승리로서의 기괴한 몸 (grotesque body)만이 바흐친에게 근원적인 약속이 된다. 이 기괴한 형체는 닫히거나 완결된 단위가 아니라 미완으로, 덧자라며, 주어진 틀을 벗어난다. 자신의 경계를 이탈하고 과장을 연출하는 기괴한 몸은 바흐친이 직접 사이보그라는 용어를 사용하지는 않았지만 개념적인 사이보그를 상정한 것으로 추론할 수 있게 하는 단서를 제공하는 것이다. 여홍상, 『바흐친과 문화이론』, 문학과 지성사, 2000.

13) 원제는 '철완 아톰'이다. 그러나 이 책에서는 편의상 한국에서 TV로 방영된 제목으로 표기하기로 한다.

14) 제임스 커런·데이비드 몰리·발레리 워커딘 엮음, 백선기 옮김, 「대중문화 그리고 어린 소녀들의 에로틱화」, 『대중문화와 문화연구』, 한울아카데미, 2000.

포켓몬 마스터 되기

초판발행 2003년 11월 15일 | 2쇄발행 2005년 9월 10일
지은이 김윤아
펴낸이 심만수 | 펴낸곳 (주)살림출판사
주소 110-847 서울시 종로구 평창동 358-1
출판등록 1989년 11월 1일 제9-210호
전화번호 영업 · (02)379-4925~6   기획 · (02)396-4291~3
        편집 · (02)394-3451~2
팩스 (02)379-4724
e-mail salleem@chollian.net
홈페이지 http://www.sallimbooks.com

* 잘못된 책은 구입하신 서점에서 바꾸어 드립니다.
* 저자와의 협의에 의해 인지를 생략합니다.

값 3,300원